AF362289

PROTESTATION

Conformément aux décrets d'Urbain VIII, nous protestons que nous n'attribuons aux récits publiés dans cet ouvrage qu'une autorité purement humaine. De même, si l'expression de bienheureux et de saint est appliquée à des personnages non canonisés ou non béatifiés, c'est pour employer le langage ordinaire et non pour devancer les décisions du Pontife Suprême.

LES MISSIONS FRANCISCAINES EN CHINE

APPROBATIONS

Quoad Nos nihil obstat quominus imprimatur.

Romæ, 26 *Aprilis* 1915.

Fr. **PACIFICUS,**

Min. G[lis].

L ✝ S.

IMPRIMATUR

Parisiis, *die* 28 *Aprilis* 1915.

E. ADAM,

V. G.

L ✝ S.

P. Pacifique-Marie CHARDIN, O. F. M.

ANCIEN MISSIONNAIRE AU CHAN-TONG

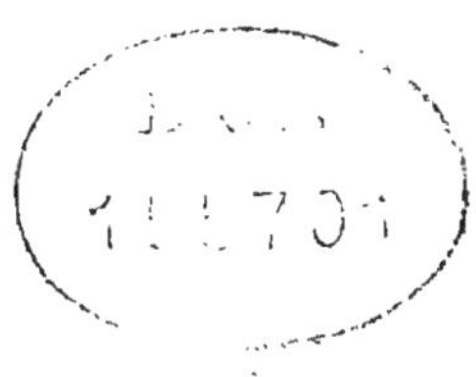

LES MISSIONS FRANCISCAINES EN CHINE

NOTES GÉOGRAPHIQUES ET HISTORIQUES

PARIS

AUGUSTE PICARD, ÉDITEUR

82, RUE BONAPARTE

1915

PRÉFACE

Les NOTES GÉOGRAPHIQUES ET HISTORIQUES sur les Missions Franciscaines en Chine sont le commentaire obligé de l'atlas que la Procure de Paris vient de publier. Un mot pour expliquer la genèse de ces deux ouvrages.

Depuis de longues années, on nous demandait, de divers côtés, la carte de nos missions de Chine, missions si nombreuses, si importantes et pourtant si peu connues. Il y a vingt-cinq ans déjà le vénéré Mgr Potron, Évêque de Jéricho et fondateur de la Procure de Paris, s'était adressé aux Vicaires Apostoliques pour leur demander d'établir la carte de leurs missions respectives. Les réponses furent peu encourageantes, l'insuccès fut complet. De fait, les difficultés étaient grandes. A cette époque, les éléments qui composaient nos Vicariats étaient fort mélangés au point de vue des nationalités. Les missionnaires étaient recrutés dans toutes les provinces de l'Ordre : italiens, français, espagnols, hollandais, belges et allemands défrichaient, confondus, le vaste champ confié au zèle des enfants de Saint

François. De plus, les ouvriers ne suffisaient pas à la tâche; absorbés qu'ils étaient par les travaux du ministère apostolique, pourchassés par les ennemis du nom chrétien, décimés par le martyre, ils ne trouvaient guère le temps de relever des plans ni de dresser des cartes. Nous avions donc remis à des temps plus propices la réalisation de notre projet, quand, en 1912, M. R. Hausermann, le savant et distingué cartographe, fut chargé par la *Revue des Missions catholiques*, d'établir et de publier la carte générale de la Chine avec ses provinces administratives et les nombreux Vicariats Apostoliques qui les évangélisent. Des documents concernant nos missions franciscaines nous furent demandés; un nouveau et pressant appel fut adressé aux Vicaires Apostoliques et, cette fois, il fut écouté.

La carte générale de Chine parut en 1912 et en 1913 sur deux feuilles, échelle au 1 : 3 000 000e. Nos Vicariats n'y faisaient pas mauvaise figure; mais, étant donné le nombre considérable des missions catholiques dans l'Empire du Milieu et l'échelle nécessairement réduite adoptée par le cartographe pour embrasser cette région immense, il avait fallu sacrifier bien des détails, supprimer bien des villes, pourtant intéressantes, et réduire à quelques noms nos nombreuses chrétientés. Bref, nous ne possédions pas encore la véritable physionomie de nos Vicariats.

Sur ces entrefaites, le zélé Directeur de la

Sainte-Enfance, Mgr de Teil, demanda à tous les Procureurs des Ordres religieux ou des Congrégations ayant des Vicariats secourus par l'Œuvre, de lui remettre la carte, aussi détaillée que possible, de leurs missions. Elle devait, dans sa pensée, permettre au Conseil de répartition de pouvoir apprécier leur importance respective et de suivre les progrès signalés chaque année dans les rapports officiels qui lui sont envoyés.

La carte générale de Chine éditée par les *Missions catholiques*, ne répondait pas pleinement aux desiderata du Directeur de la Sainte-Enfance ; dès lors un travail nouveau et plus important s'imposait. Il semblait devoir être très long, mais, cette fois, nous n'étions pas pris au dépourvu. Les documents nous étaient arrivés de Chine assez nombreux, quelques-uns très complets, d'autres insuffisants mais pourtant utilisables. Notre Procure de Rome nous avait également envoyé quelques cartes qui n'étaient pas sans valeur. C'est avec ces éléments et en s'aidant des cartes d'Asie et de Chine parues en divers pays, que M. R. Hausermann put mener à bonne fin le travail que nous lui avions confié et nous donner l'*Atlas des Missions franciscaines en Chine*.

Notre but était atteint et nous avions l'intention d'en rester là. Pourtant plusieurs de nos amis nous firent remarquer qu'en dehors de nos missionnaires et de quelques personnes s'intéressant à la Chine, nos cartes seraient sans grande utilité. Qui connaît, en effet, les territoires immenses confiés aux Frères Mineurs? Qui connaît leur topographie, leur climat, leurs ressources, leurs richesses, les fleuves qui les baignent, les montagnes qui les dominent ou les encadrent? Ne serait-il pas possible de donner à ces cartes un peu de vie en les faisant suivre d'un bref commentaire et en y joignant un rapide aperçu de l'histoire religieuse et franciscaine de chacun de nos Vicariats?

Ces remarques si justes ont donné naissance aux *Notes géographiques et historiques* que nous publions aujourd'hui.

Grâce à l'obligeance du R. P. Tournade, S. J., Procureur de la mission du *Kiang-nan*, qui nous a très aimablement donné les autorisations nécessaires, nous avons pu prendre dans la *Géographie de l'Empire Chinois* (cours supérieur) — *Chang-hai*, 1905, — du R. P. Richard, S. J., ce qui regardait nos Vicariats Franciscains et résumer les notions générales qui concernent la Chine. De tous les ouvrages consultés par nous, c'est ce que nous avons trouvé de plus clair et de plus précis. Quelquefois, mais rarement, une lettre a été changée dans l'orthographe des noms chinois pour la rendre conforme à celle qu'adopte le cartographe. Nous avons pris soin d'indiquer, par la mention de son nom, tous les emprunts faits à l'ouvrage du R. P. Richard.

La partie historique de l'ouvrage a été confiée

à notre très cher confrère, le P. Pacifique-Marie Chardin, religieux de notre province de France, Missionnaire Apostolique qui, après avoir, durant de longues années, exercé un laborieux et fécond apostolat au *Chan-tong*, est revenu en France restaurer une santé compromise. Très au courant des choses de Chine, très versé dans l'histoire de nos missions, il a bien voulu, en dépit d'un ministère absorbant qu'il prétend être un repos, entreprendre ce travail et nous donner succinctement l'historique de nos Vicariats en Extrême-Orient et nous raconter brièvement les travaux si peu connus de nos missionnaires et de nos martyrs.

L'ouvrage est divisé en six parties. Chacune d'elles est suivie d'une vue d'ensemble sur l'état actuel de la mission à laquelle elle est consacrée. Pour ce travail, il nous a suffi de consulter les rapports officiels envoyés, chaque année, par les Vicaires Apostoliques à la S. C. de la Propagande, au R^me^ P. Général de l'Ordre franciscain et aux Conseils centraux de la Propagation de la Foi et de la Sainte-Enfance.

Malgré tous les efforts fournis et tous les soins apportés, nous avons conscience de l'imperfection des deux ouvrages que nous publions aujourd'hui. Nos missionnaires trouveront notre atlas incomplet; ils nous accorderont leur indulgence en songeant aux difficultés de l'entreprise et à l'insuffisance des documents qui nous sont parvenus. De plus, il ne nous a pas été possible de noter toutes les chrétientés existantes; elles sont souvent en très grand nombre et, la plupart du temps, on a négligé de nous donner leurs noms ainsi que leur emplacement. Mais ces défauts ne sont pas sans remède. Nos vénérés Vicaires Apostoliques et nos missionnaires de Chine nous apporteront une collaboration efficace en nous aidant à corriger les erreurs, à réparer les omissions et à suppléer aux lacunes inévitables.

Quoi qu'il en soit, c'est en toute confiance que nous offrons ces deux ouvrages à nos frères en Religion. C'est pour eux principalement, pour ne pas dire uniquement, qu'ils ont été composés. Puissent-ils procurer la plus grande gloire de Dieu, faire aimer de plus en plus notre saint Ordre qui a donné à l'Église tant de saints missionnaires, tant de glorieux martyrs, et susciter parmi nos frères, si l'appel de Dieu se fait sentir au fond de leurs cœurs, le désir de porter leur zèle dans ces contrées lointaines de la Chine, où la moisson est si abondante et les ouvriers si peu nombreux.

Fr. L. HENNION, d'Estaires,
Commissaire général de Terre-Sainte,
Procureur des Missions Franciscaines.

Documents consultés par M. Hausermann pour dresser les cartes de l'atlas des missions franciscaines en Chine.

Asie Orientale, au 1.000.000e (Service géographique de l'Armée).

Carte de la Chine Orientale, au 2.000.000e (Service géographique de l'Indo-Chine).

Cartes de l'atlas de Stielers.

Atlas von China, au 750.000e, de Richthofen.

Karte von Ost China, au 1.000.000e.

Annuaire de l'Observatoire de Zi-Ka-Wei pour les chemins de fer.

Annuaire du Bureau des Postes et Télégraphes donnant l'orthographe officielle des bureaux de postes. (Imprimerie de la Mission catholique de Tou-se-we — Chang-hai).

OUVRAGES CONSULTÉS

POUR L'HISTOIRE RELIGIEUSE DES VICARIATS FRANCISCAINS

P. Marcellin de Civezza, O. F. M. : *Saggio di bibliographia Sanfrancescana.* — Prato, 1879.

PP. Marcellin de Civezza et Théophile Domenichelli, O. F. M. : *Orbis seraphicus : appendice bibliographica.* — Quaracchi, 1886.

P. Victor Bernardin de Rouen, O. F. M. : *Histoire universelle des Missions Franciscaines*, d'après le T. R. P. Marcellin de Civezza. — Paris, 1898-1899.

P. Théophile Domenichelli, O. F. M. : *Studi sopra la vita e i viaggi del B. Odorico da Pordenone.* — Prato, 1881.

P. Dominique Martinez, O. F. M. : *Compendio historico de la apostolica provincia de S. Gregorio de Philipinas.* — Madrid, 1756.

P. François Miggenes, O. F. M. : *Missio seraphica in imperio Sinarum*, 1762 : en *Analecta franciscana*, tome I. — Quaracchi, 1885.

P. Laurent Perez, O. F. M. : *Los Franciscanos en el Extremo Oriente :* dans l'*Archivum franciscanum historicum*, tomes I et II. — Quaracchi, 1908-1909.

Louis de Backer : *Guillaume de Rubrouck*, ambassadeur de S. Louis en Orient, récit de son voyage, etc. — Paris, 1877.

Antoine du Lys : *Vie et martyre du Bx Jean de Triora.* — Paris-Vanves, 1900.

Mgr Georges Monchamp : *Vie et lettres du R. P. Victorin Delbrouck.* — Liège, 1901.

L. de Kerval : *Le R. P. Hugolin de Doullens.* — Paris-Vanves, 1902.

L. de Kerval : *Deux martyrs français de l'Ordre des Frères Mineurs, le R. P. Théodoric Balat et le Fr. André Bauer*, massacrés en Chine le 9 juillet 1900. — Paris-Vanves, 1903.
Acta Ordinis Minorum, ann. 1882 et suiv.
Revue franciscaine, ann. 1883 et suiv.
Écho de la mission du Chantong Oriental, ann. 1904 et suiv.

P. Pie Boniface Gams, O. S. B. : *Series Episcoporum Ecclesiæ Catholicæ.* — Ratisbonne, 1873.

P. J.-B. du Halde, S. J. : *Lettres édifiantes et curieuses des Missions Étrangères*, écrites par quelques missionnaires de la Compagnie de Jésus, tome XVI. — Paris, 1724.

Mgr Alphonse Favier, Vicaire Apostolique de Péking : *Péking, histoire et description.* — Paris, 1902.

Vie du Bx Jean-Gabriel Perboyre. — Paris, 1890.

G. de Mongesty : *Le Bx François-Régis Clet.* — Paris, 1906.

Paul Antonini : *Au Pays de Chine.* — Paris.

Kou tsiuen hoei : « *Recueil d'anciennes monnaies* », ouvrage chinois de numismatique. — 1859.

LES MISSIONS FRANCISCAINES EN CHINE

LIVRE PREMIER

LA CHINE

(Pl. I)

CHAPITRE PREMIER

NOTIONS GÉNÉRALES

La Chine, appelée aussi l'*Empire du milieu*, l'*Empire fleuri*, est située entre le 18° et le 43° de latitude Nord, entre le 96° et le 120° de longitude Orientale, méridien de Paris (98° et 122° Greenwich).

Elle est bornée au Nord par la *Mongolie*; à l'Ouest, par le *Turkestan* chinois et le *Tibet*; au Sud-Ouest, par la *Birmanie*; au Sud, par le *Tonkin* et le golfe du *Tonkin*; au Sud-Est, par la mer de Chine Orientale; au Nord-Est, par la mer Jaune, le golfe du *Tche-ly* et la *Mandchourie.*

La Chine a une superficie de 3 970 000 kilomètres carrés et possède, d'après le recensement officiel de 1902, une population de 410 717 000 habitants.

Hydrographie. — Elle est arrosée par trois fleuves principaux qui la parcourent de l'Ouest à l'Est :

Au Nord, le HOANG-HO (Fleuve jaune), qui prend sa source au sud du lac *Kou-kou Nor* ou *Tsing-hai* et va se jeter dans le golfe du *Tche-ly* après un parcours de 4 500 kilomètres.

Au centre, le YANG-TSE-KIANG (Fleuve bleu), qui prend sa source au sud du *Hoang-ho* et se jette dans la mer de Chine orientale, un peu au nord de *Chang-hai*, après un parcours de plus de 5 000 kilomètres.

Au Sud, le SI-KIANG (Fleuve de l'Ouest) prend sa source dans le plateau du *Yun-nan* et se jette dans la mer de Chine méridionale, non loin de *Canton*, après un parcours de 2 000 kilomètres.

Les principaux lacs se trouvent dans la vallée du *Yang-tse-kiang*. Les trois principaux sont situés au sud de ce fleuve : le TONG-TING dans le *Hou-nan* ; le PO-YANG dans le *Kiang-si* ; le TAI-HOU, au sud du *Kiang-sou*. Au nord du *Yan-tse-kiang*, le plus important est le HONG-TCHÉ, partie dans le *Ngan-hoei*, partie dans le *Kiang-sou*.

Climat. — En général on peut dire qu'il y a deux saisons nettement tranchées : 1° *Celle des vents du Nord* avec des froids de plus en plus rigoureux à mesure qu'on monte vers le nord. Elle dure de novembre à avril. 2° *Celle des vents du Sud* avec une chaleur très élevée, plus humide et plus malsaine sur les côtes; plus élevée à l'intérieur, mais plus saine et moins accablante. C'est la saison des pluies.

Entre ces deux saisons se placent un printemps et un automne fort courts.

Division. — La Chine est divisée administrativement en 18 Provinces qui n'ont pas toutes une administration uniforme. Les unes ont à leur tête un Vice-Roi ou Gouverneur général et les autres ont un simple gouverneur.

Les Provinces sont subdivisées en *Circuits* ou *Tao* qui se subdivisent à leur tour : 1° en *Préfectures de 1er Ordre* ou *Fou*; 2° en *Préfectures de 2e Ordre* ou *Tche-li-tcheou*; 3° en *Préfectures de 3e Ordre* ou *Tche-li-ting*.

Les *Fou*, *Tche-li-tcheou* et *Tche-li-ting* sont ainsi subdivisés :

1° Sous-préfectures de 1er Ordre ou *Hsien* ;
2° Sous-préfectures de 2e » ou *Chou-tcheou* ;
3° Sous-préfectures de 3e » ou *Chou-ting* ;
4° Sous-préfectures de 4e » ou *Tong-pan-ting* :

il n'y a que quatre *Tong-pan-ting* (3 au *Su-tchuen* et 1 au *Chen-si*) dans les 18 provinces.

Il y a quelques années seulement, la Chine était gouvernée par un Empereur, Chef unique et absolu dont la volonté faisait la loi; depuis le 12 février 1912 elle est en République.

Religions. — Il y a en Chine trois religions principales :

1° Le CONFUCIANISME (religion officielle) est la religion des lettrés surtout. C'est moins une religion qu'une morale tirée des écrits de Confucius et de ses disciples ;

2° Le TAOÏSME, inventé par les disciples de *Lao-tse*, est devenu peu à peu une religion idolâtrique. Dieux et déesses y pullulent ;

3° Le BOUDHISME date du Ier siècle après J.-C. Il consiste uniquement, de nos jours, à faire venir des prêtres pour les enterrements, à se prosterner devant le Boudha et ses disciples et à brûler des baguettes devant leurs statues.

Ces trois religions se fondent en *une* pour la masse du peuple, qui va indifféremment de l'une à l'autre. Il y joint le *culte des ancêtres*, qui ont aussi leurs temples et leurs tablettes ; le *culte des Esprits mauvais*.

En dehors de ces trois religions, les plus répandues sont le CHAMANISME, le CHRISTIANISME et le MAHOMÉTISME.

Le CHAMANISME se trouve principalement dans les tribus du Sud-Ouest (*Yun-nan* et *Kouy-tcheou*). Il croit aux esprits, adore les éléments et a, comme prêtres, des sorciers.

Le CHRISTIANISME est répandu dans toute la Chine, où il a deux formes principales : le *Catholicisme* et le *Protestantisme*. (L. Richard, S. J., *Géographie de l'Empire Chinois*, Chang-hai, 1905.)

On compte à l'heure actuelle à peu près un million de catholiques.

Au point de vue ecclésiastique, la Chine proprement dite (non compris les États dépendants) est divisée en 41 Vicariats ou Préfectures Apostoliques et un diocèse, celui de *Macao*. Celui-ci est desservi par le clergé séculier; les autres Vicariats et Préfectures Apostoliques ont été confiés à des Congrégations ou à des Ordres Religieux.

1° Les Augustiniens Espagnols desservent le Vic. Ap. du *Hou-nan* septentrional;

2° La Congrégation du Cœur Immaculé de Marie (Scheut-lez-Bruxelles) évangélise le Vic. Ap. du *Kan-sou* septentrional et la Préfect. du *Kan-sou* méridional.

3° La Compagnie de Jésus possède les Vic. Ap. du *Kiang-nan* et du *Tche-ly* Sud-Ouest.

4° Les Dominicains desservent les Vicariats du *Fo-kien* septentrional et méridional.

5° Les Missions Étrangères de Milan desservent les Vicariats du *Hong-kong* et du *Ho-nan* sept. et mérid.

6° Les Lazaristes desservent le *Kiang-si* sept., oriental et méridional; le *Tche-kiang* oriental et occidental; le *Tche-ly* sept., oriental, central, occidental et maritime.

7° Les Missions Étrangères de Paris évangélisent les Préfectures du *Kouang-tong* et du *Kouang-si*; les Vicariats Ap. du *Kouy-tcheou*, du *Su-tchuen* oriental, occid. et méridional; du *Kien-tchang* et du *Yun-nan*.

8° Les Missions Étrangères de Parme desservent le Vicariat Ap. du *Ho-nan* occidental.

9° Les Missions Étrangères de St-Pierre et

St-Paul de Rome desservent le Vicariat Ap. du *Chen-si* méridional.

10° La Congrégation du Verbe Divin de Steyl dessert le Vicariat du *Chan-tong* méridional.

11° Les Frères Mineurs évangélisent le *Chan-tong* septentrional et oriental; le *Chan-si* septentrional et méridional; le *Chen-si* septentrional et central; le *Hou-pé* Nord-Ouest, oriental et méridional; le *Hou-nan* méridional.

Le *Protestantisme* compte en Chine environ 150 000 adhérents. Il pénétra en Chine avec le Rev. Rob. Morrison. A la suite du traité de *Nan-king* en 1842, douze Sociétés de missionnaires s'établirent en Chine, suivies par beaucoup d'autres dont les principales sont celles des Épiscopaliens, des Méthodistes, des Baptistes, des Presbytériens et la *China Inland Mission*. Elles ont fondé beaucoup d'hôpitaux et bâti des écoles dans les principaux centres.

Le *Mahométisme* compte en Chine de 20 à 30 millions de sectateurs; on les rencontre surtout au Nord-Ouest et au Sud-Ouest.

Le *Judaïsme* n'est représenté que par quelques habitants de *Kai-fong fou* dans le *Ho-nan*. Il semble n'avoir été introduit en Chine qu'à la fin du xe siècle de notre ère, voire même au xiie seulement. (L. Richard, S. J., *Géographie de l'Empire Chinois.*)

CHAPITRE II

ORIGINE DES MISSIONS CATHOLIQUES EN CHINE

La Chine fut évangélisée dès le premier siècle de l'ère chrétienne par l'apôtre saint Thomas ou, au moins, par ses premiers disciples. Nous en avons pour preuve divers monuments conservés chez les Indiens que saint Thomas évangélisa d'abord, — des documents qui établissent que cet apôtre prêcha la religion chrétienne dans la Chine septentrionale, le *Cathay*, — divers textes du Bréviaire chaldéen, — enfin les écrits de Nicéphore et d'autres auteurs.

Dans les siècles suivants, le christianisme continue ses progrès. Arnobe, écrivain latin du IIIe siècle, dans son traité contre les païens, compte les Chinois parmi les peuples qui, de son temps, avaient reçu l'Évangile (*Adv. gentes*, lib. II). Saint Ambroise parle de Musæus, évêque des Doléniens, qui parcourut, dans la deuxième moitié du IVe siècle, presque tout le pays des Sères, c'est-à-dire des Chinois (*De mor. Bracham*).

Divers autres indices précieux, trouvés en Chine même, affirment l'extension du christianisme dans ce pays à la même époque. C'est d'abord une grande croix en fer découverte dans le *Kiang-si* sous le règne de l'empereur d'alors : *Tcheu-ou* (238-251), souverain du royaume de *Ou*, et portant deux inscriptions chinoises qui expriment des louanges à la croix rédemptrice du monde.

Trois autres croix de forme ordinaire furent également trouvées dans le *Fo-kien* en 1595 : l'une, qui est en pierre et a la forme de la croix sculptée sur le tombeau de l'apôtre saint Thomas à Méliapour (Inde), fut découverte près de *Nan-ngan-hien* : selon toutes les probabilités, elle date du IVe ou Ve siècle ; les deux autres, mises au jour dans un grand port de commerce d'alors, celui de *Tsiuen-tcheou fou*, remontent aux commencements des VIe et VIIe siècles.

Un document plus important encore fut retrouvé à *Si-ngan fou*, capitale du *Chen-si*. En l'an 1625 fut tirée de terre une haute et large pierre, sur laquelle était gravée une inscription composée de 1780 caractères chinois et de nombreux caractères syriaques. Cette inscription est surmontée d'une croix et de cet en-tête en grosses lettres chinoises : « Monument de la propagation de la religion lumineuse de *Ta-tsin* »; elle contient un exposé de la doctrine catholique sur la Création, l'Incarnation et la Rédemption, la mention des faveurs accordées à la religion par les Empereurs chinois d'alors et les noms des missionnaires de l'époque ; elle rapporte qu'en 635, 9e année du règne de *Tai-tsoung*, 2e empereur de la dynastie des *Tang*, des prêtres ayant pour chef *Olopen* étaient venus de *Ta-tsin* pour prêcher la religion chrétienne, dont ils apportaient les Écritures et les Images; enfin elle porte comme date de l'érection la 2e année dite *Kien-tchoung* du règne de l'empereur *Té-tsoung*, de ladite dynastie des *Tang*, laquelle correspond à l'an 781 après J.-C.

On a prétendu que ce monument était nestorien ; de savants écrivains le tiennent au contraire pour catholique et appuyent leur opinion sur les raisons suivantes : 1° Dans le texte de l'inscription, aucun indice n'indique l'hérésie nestorienne. 2° Il y est dit qu'Olopen portait les Saintes Écritures et les Images : Comment l'aurait-il fait s'il eût été nestorien ? Les nestoriens en effet abhorraient les Images saintes, qu'ils regardaient comme des emblèmes idolâtriques. 3° Le *Ta-tsin* d'où était envoyé Olopen ne pouvait être que Rome. Cette dénomination désigne l'Empire romain et Rome, sa capitale, dans les annales chinoises des dynasties de *Han* (25-221 de J.-C.) et des *Wei* (386-550). 4° A l'arrivée d'Olopen à la Cour, la religion qu'il prêchait fut appelée religion de Perse. Quoique envoyé directement par Rome (*Ta-tsin*), il venait en effet de Perse. Mais lorsque les nestoriens, de la Perse également, arrivèrent dans la suite à la Cour, il y eut confusion et les annales de la dynastie des *Tang* (618-907) rapportent que les successeurs d'Olopen en l'an 745 présentèrent une pétition à l'empereur *Hiuen-tsoung* pour le prier de changer ce nom amphibologique de Perse, en celui de *Ta-tsin* indiquant clairement que leur religion venait de Rome. (Mgr Favier, *Péking*, Ire part., ch. III.)

« Si l'inscription de *Si-ngan fou* révèle l'existence du Christianisme en Chine aux VIIe et VIIIe siècles, écrit M. Paul Antonini, dans son ouvrage *Au pays de Chine*, elle ne peut rien préciser au sujet des événements qui suivirent la rédaction. Un recensement datant de 845 prouve qu'à cette époque la religion était florissante, puisqu'il y avait en Chine trois mille prêtres catholiques (Religion de *Ta-tsin*). Mais après !... L'ère des persécutions a dû s'ouvrir pour les chrétiens, aussitôt après l'affermissement de la religion musulmane.

« Les voyageurs arabes qui visitèrent la Chine dès que l'oncle de Mahomet y eut implanté l'islamisme racontent qu'aux dernières années du IXe siècle il y eut dans la province du *Tche-kiang*, et particulièrement dans sa capitale *Hang-tcheou fou*, de grands massacres de chrétiens. Tout porte à croire que persécutés dans la Chine les missionnaires ont fui en Mongolie où déjà des propagateurs les avaient devancés. »

Néanmoins, au siècle suivant, il existait encore quantité de chrétiens dans d'autres parties de la Chine. Le P. Charles de Castorano, missionnaire franciscain au *Chan-tong*, nous en fournit la preuve. Voici ce qu'il écrit dans une lettre adressée le 8 septembre 1722 à la S. Congr. de la Propagande : « Au mois d'avril de cette année, un chrétien de cette ville de *Lin-tsing tcheou* m'apporta une ancienne médaille qu'il venait de trouver dans la place publique parmi un tas de vieille ferraille. Elle était toute rouillée. Quand il en eut ôté la rouille et qu'il l'eut rendue parfaitement nette, on y découvrit clairement d'un côté l'image du Sauveur et de l'autre côté l'image de la sainte Vierge. Ces images étaient tout à fait semblables à celles qui se trouvent sur les médailles que l'on frappe de nos jours, à la réserve qu'il n'y avait autour ni caractère, ni inscription. Ce qu'il y a de remarquable et ce qui prouve que la médaille dont il est question n'est point venue d'Europe, mais qu'elle a été fabriquée en Chine, c'est qu'au lieu que les médailles européennes sont percées en haut et n'ont qu'un petit trou par où on peut les enfiler, celle dont je vous parle est attachée à un petit denier chinois, avec lequel elle a été unie par une même fonte, et le denier est percé au milieu, de la manière chinoise. On lit sur le denier le nom de l'Empereur qui régnait lorsque la médaille fut frappée, et les caractères chinois marquent que c'était *Tai-ping*. »

D'après la figure et l'inscription que le P. de Castorano donne de la pièce, il s'agit, non, comme il le suppose par erreur, de l'un ou de l'autre empereur de ce nom ayant régné en 256 et en 556, mais de l'empereur *Tai-tsoung*, de la dynastie des *Soung*, qui seul a frappé des monnaies portant une inscription identique à celle de la médaille et datant de l'an 976.

« J'infère de tout ceci, conclut le P. Charles de Castorano, en premier lieu, que les vérités du christianisme ont été annoncées dès ces temps-là aux Chinois et que le nombre des chrétiens devait être considérable, puisqu'on y fabriquait des médailles; en second lieu, que dans ces premiers siècles du christianisme, les médailles et les saintes images étaient l'objet du culte et de la vénération des fidèles. » (P. J.-B. du Halde, S. J., *Lettres édifiantes*, etc., tome XVI, Préface. 1724.)

CHAPITRE III

ORIGINE DES MISSIONS FRANCISCAINES EN EXTRÊME-ORIENT

Le XIIIe siècle s'ouvre par les terribles invasions des Tartares Mongols, commandés par *Gengis-khan* (1206-1227). Son armée, forte de 600 000 hommes, envahit la Russie, la Pologne, la Hongrie et menace des pires fléaux l'Europe entière.

Innocent IV leur envoie des missionnaires des deux Ordres dominicain et franciscain, récemment fondés, avec mission d'arrêter les hordes dévastatrices, d'adoucir leur férocité et de les gagner à Jésus-Christ. Les Dominicains furent désignés pour se rendre près des princes mongols qui commandaient en Perse. Les Franciscains devaient aller trouver le Grand Khan lui-même en Tartarie. Laurent de Portugal et ses compagnons partirent en mars 1245. Arrivés près du Grand Khan après Pian Carpin, dont l'ambassade avait heureusement impressionné les Tartares, ils furent reçus avec bienveillance à la cour et furent autorisés à prêcher la foi chrétienne.

Dès le commencement de 1246, le franciscain Jean de Pian Carpin avait été envoyé par Innocent IV comme légat auprès des Tartares. Accompagné du P. Benoît de Pologne, il parvient, le mercredi saint, 4 avril, auprès de *Batou*, qui commandait sur le Volga et était le plus puissant des princes après le Grand Khan. Après un voyage excessivement pénible dont il nous a conservé la relation, le P. Jean et son compagnon arrivèrent, le 22 juillet, à la cour du Grand Khan, l'empereur *Kou-youk*, petit-fils de *Gengis-khan*. L'empereur prit connaissance des lettres du Souverain Pontife et après avoir remis aux religieux sa réponse au Pape, il les congédia le 14 novembre. Leur voyage de retour fut très pénible. Ils traversèrent la Russie, la Pologne, la Bohême et l'Allemagne et gagnèrent Lyon où se trouvait Innocent IV. En récompense de son zèle, Jean de Pian Carpin fut nommé archevêque d'Antivari.

Saint Louis, roi de France, tente un nouvel effort auprès des Tartares pour les convertir à la foi et nouer avec eux des relations politiques. Il leur envoie le franciscain français Guillaume de Rubrouck. Celui-ci part de son couvent de Saint-Jean d'Acre et, le 7 mai 1253, s'embarque sur la mer Noire avec le P. Barthélemy de Crémone et trois compagnons. Il se rend d'abord avec eux au camp de *Sartak*, qui le renvoie à son père *Batou*, cousin germain de *Kou-youk*. Il poursuit sa route et arrive le 27 décembre de la même année auprès du Grand Khan *Mangou*, fils et successeur de *Kou-youk*. Il profite de son séjour parmi les Tartares pour leur prêcher l'Évangile. Le 8 juillet 1254, laissant chez les chrétiens de Tartarie le P. Barthélemy de Crémone qui devait rester parmi eux jusqu'à sa mort, il reprend seul son voyage de retour. Rentré à son couvent de Saint-Jean d'Acre, le 15 août 1255, il envoya à saint Louis une relation de son voyage et demanda des missionnaires pour poursuivre l'évangélisation des Mongols.

« Un noble patriotisme, un amour profond pour la chrétienté, une foi vive, un courage à toute épreuve faisaient de ces généreux franciscains des diplomates non moins habiles qu'énergiques. Il est permis de croire qu'ils ont sauvé l'Europe de l'invasion tartare. De pareils services ne doivent pas rester dans l'oubli et méritent une éternelle reconnaissance. » (Mgr Favier, *Péking*, Ire part., ch. IV.)

Le Grand Khan *Mangou* étant décédé, son frère *Houbi-lié*, qui depuis longtemps administrait comme vice-roi la Chine septentrionale conquise par les Tartares, fut élu empereur en 1260. Il prit le nom de

Che-tsou et fonda la dynastie des *Yuen*, qui régna de 1260 à 1368. Abandonnant *Karacorum*, capitale des empereurs mongols, il fixa sa résidence à *Tchoung-tou* ou *Tatou*, le *Péking* actuel, qui s'appellera désormais *Khanbalec*, c'est-à-dire ville du Grand Khan. Il entreprit la conquête des provinces méridionales et devint bientôt le seul maître de l'empire chinois.

Grâce aux missions remplies précédemment par les franciscains, l'empereur *Che-tsou* avait une grande vénération pour le Pape et la religion chrétienne. Il chargea deux Vénitiens qui voyageaient dans son empire, Nicolas et Waffeo Polo, l'un père, l'autre oncle du célèbre Marco Polo, de se présenter en son nom au Souverain Pontife avec des lettres lui demandant l'envoi de missionnaires pour instruire son peuple (1270).

C'est en 1277 seulement que le Pape Nicolas III adressa des lettres à l'empereur de Chine avec cinq franciscains : Gérard de Prato, Antoine de Parme, Jean de Sainte-Agathe, André de Florence et Mathieu d'Arezzo, pour travailler à la conversion de ses sujets. « On a écrit souvent que le catholicisme n'a été prêché à *Péking* qu'au XVIIe siècle ; or, nous allons trouver deux cents ans plus tôt, dans la capitale, un archevêque, des églises et une chrétienté florissantes. » (Mgr Favier, *Péking*, Ire partie, ch. V.)

Ce premier archevêque de *Péking* fut le célèbre Jean de Mont-Corvin, né en 1247 dans un petit village de la Pouille. Missionnaire en Asie depuis 1279, il était revenu en Europe rendre compte de ses travaux au Pape Nicolas IV qui le renvoya en Asie, avec le titre de Légat du Saint-Siège et muni de lettres pour divers princes tartares et pour l'empereur de Chine (1289). Il arrive à *Péking* en 1293 et reçoit le meilleur accueil du souverain *Che-tsou* qui le favorisa jusqu'à sa mort.

Le 8 janvier 1305, Jean de Mont-Corvin écrit de *Péking* deux lettres à ses supérieurs. Nous y lisons qu'il a ses entrées libres à la Cour et qu'il reçoit de l'empereur toutes sortes d'honneurs; que dans *Péking* même il a bâti deux églises et fondé un collège d'indigènes auxquels il fait chanter en chœur l'office divin; qu'il a traduit dans la langue du pays la Bible et le psautier et qu'il a baptisé dans l'une de ses églises 6000 païens, parmi lesquels un prince de la famille impériale; il en aurait baptisé plus de 30000, ajoute-t-il, sans les persécutions que lui suscitèrent les Nestoriens.

En juillet 1307, Clément V, instruit des succès de Jean de Mont-Corvin, érige l'église de *Péking* en métropole, le nomme premier Archevêque de cette ville, et en même temps Primat de tout l'Orient avec droit pour lui et ses successeurs d'instituer des évêques. Sept franciscains, tous sacrés Évêques avant leur départ, lui sont envoyés comme suffragants; trois d'entre eux meurent durant le voyage; un quatrième, épuisé par la maladie, retourne en Italie. Les trois autres, Gérard Albuini, Pérégrin de Castello et André de Pérouse, arrivent à *Péking* en 1308 et y confèrent avec grande solennité la consécration épiscopale à Jean de Mont-Corvin.

En février 1311, Clément V envoie en Chine trois nouveaux évêques franciscains, Thomas, Jérôme et Pierre de Florence.

Dès 1308, des religieux franciscains, qui étaient arrivés en Chine avec l'évêque Gérard, s'étaient établis à *Kai-tong* ou *Zai-tong*, port célèbre de la Chine méridionale qui n'est autre que *Tsiuen-tcheou* dans le *Fo-kien*. Une riche Arménienne y ayant construit une église avec un couvent, l'archevêque de *Péking* l'érigea en cathédrale et y envoya comme évêque Gérard, qui eut pour successeur après sa mort Pérégrin de Castello.

En 1318, André de Pérouse partit à son tour pour *Tsiuen-tcheou* et fit bâtir non loin de la ville, à l'aide des subsides de l'empereur, une nouvelle église et un couvent pour 22 religieux de son Ordre.

Pérégrin étant décédé en juillet 1322, André de Pérouse lui succéda. Il eut lui-même pour successeur, en 1326, l'évêque franciscain Jacques de Florence qui subit le martyre en 1362, pendant la révolution qui renversa la dynastie des *Yuen*.

Un des plus célèbres Apôtres de cette époque fut le Bienheureux Odoric de Pordenone. Né en 1285 dans la Province de Venise, il entra à 15 ans dans l'Ordre franciscain. En 1314, il s'embarque pour Constantinople d'où, par la mer Noire, il se rend à Trébizonde. De là, il prend la route d'Arménie, entre en Perse où il passe par *Tauris*, *Sultanieh*, *Kacham*, *Yezd*, *Kham* et, retournant en arrière, traverse le Kurdistan et la Chaldée. Puis il va s'embarquer à *Ormuz* pour les Indes. Après 28 jours de traversée, il aborde au port de *Tana de Salsette* (sur la côte Nord-Ouest de l'Inde) d'où il emporte les ossements de quatre franciscains, récemment martyrisés (2 avril 1321), alors que, se rendant en Chine, ils y avaient été poussés par les vents contraires. Il visite ensuite les côtes de Malabar et de Coromandel, va prier sur le tombeau de l'Apôtre saint Thomas, à *Méliapour*, puis se rend à Ceylan, à Sumatra et dans les îles de la Malaisie, prend terre sur la côte méridionale de l'Annam, à *Benh-thuan* et débarque au printemps de 1326 dans la Chine méridionale à *Canton*. De là, par voie de terre, il part pour *Tsiuen-tcheou*, ville maritime du *Fo-kien*, où il s'arrête au milieu de ses confrères, à qui il laisse les ossements des quatre martyrs de l'Inde, pour qu'ils puissent reposer en Chine, où ils auraient voulu aboutir.

Il les quitte pour gagner *Fou-tcheou fou*, capitale du *Fo-kien*, puis *Hang-tcheou fou*, capitale du *Tche-kiang*, où il trouve quatre franciscains qui avaient fondé dans cette ville une chrétienté florissante. Reprenant son voyage, il passe à *Nan-king* et à *Yan-tcheou fou*, ville du *Kiang-sou* où, dit-il, les Frères Mineurs ont une résidence. Il prend là le Grand Canal impérial, le *Yun-ho*, qui l'amène dans le *Chan-tong* et enfin à *Péking* où il arrive durant l'hiver de l'année 1326.

Le Bienheureux Odoric demeura trois ans à *Péking* où ses prédications multiplièrent les conversions. Cependant les missionnaires ne suffisant plus à la besogne, Jean de Mont-Corvin et l'empereur lui-même l'engagèrent à retourner en Europe pour instruire le Pape des progrès de la religion catholique en Chine et en Tartarie et lui demander de nouveaux missionnaires. Odoric se remet donc en route; prenant la voie de terre, il passe par le *Chen-si*, le *Kan-sou*, le *Tibet*, rentre à Venise en 1330 et meurt à Udine le 14 janvier 1331.

2

En 1330, l'Archevêque Jean de Mont-Corvin meurt à *Péking*, à l'âge de 83 ans, assisté à ses derniers moments par Guillaume Adam, Archevêque dominicain de *Sultanieh* (Perse).

Jean XXII, en septembre 1333, lui donne comme successeur Nicolas de Botras, franciscain français, professeur de théologie à la Faculté de Paris. Il part avec 20 prêtres de son Ordre et 6 frères laïques et arrive à *Péking* en 1338, la 6e année du règne de *Choenn-ti* pour qui il était porteur de lettres du Souverain Pontife.

En novembre de cette même année 1338, Benoît XII fait partir pour la Haute-Asie en qualité de Nonces Apostoliques, quatre franciscains : Nicolas Bonnet, Nicolas de Molano, Jean Marignolli de Florence et Grégoire de Hongrie. Accompagnés d'un bon nombre de religieux de leur Ordre, ils arrivent en 1342 à la Cour de *Choenn-ti* qui leur fit le meilleur accueil et publia peu après, pour répondre aux désirs du Souverain Pontife, un décret en faveur de la religion catholique et des missionnaires. Par le zèle de Jean de Florence surtout, les conversions devinrent innombrables et de nouvelles Églises s'élevèrent de toutes parts.

Le frère Côme, Évêque franciscain, succéda à Nicolas de Botras sur le Siège Archiépiscopal de *Péking*.

En 1368, Urbain V envoie en Extrême-Orient une nouvelle phalange de missionnaires franciscains.

En mars 1370, Côme est transféré au Siège Archiépiscopal de *Saraï*, en *Tartarie*, et Guillaume de Prato, célèbre docteur de l'Université de Paris, est nommé Archevêque de *Péking* par rbain V. Il part pour la Chine avec 12 religieux de on Ordre, suivis bientôt après par 70 autres.

Les successeurs franciscains de Guillaume de 'rato sur le Siège de *Péking* furent : 1° Dominique, ommé en septembre 1403; 2° Barthélemy de Caponi, nommé en avril 1448; 3° Jean de Pelletz, ommé en 1456. Un 4e, Alexandre de Caffa, fut pris ar les Turcs en 1476, resta sept ans captif et nourut en Italie en 1483. Dès lors le Siège de *Péking* se trouve supprimé de fait.

Cependant une guerre civile qui dura 20 ans éclata n Chine; la dynastie Mongole des *Yuen* fut renversée et remplacée par une dynastie Chinoise, celle les *Ming*, dont le Chef fut proclamé empereur n 1368, sous le nom de *Houng-ou*. Celui-ci persécuta les Chrétiens et mourut en 1399. Ses successeurs continuèrent les persécutions et les missions catholiques furent presque entièrement détruites pendant le xve siècle.

Les excursions de Tamerlan et des Tartares, l'invasion des Turcs empêchèrent également le départ de nouveaux missionnaires par la voie de terre suivie jusque-là avant la découverte du cap de Bonne-Espérance par Vasco de Gama. Nous verrons comment les missions furent reprises en 1579.

« Il ne semble pas exagéré de fixer à *cent mille* la population chrétienne à la mort de Jean de Mont-Corvin. Les familles se multiplièrent d'année en année et Jean de Florence augmenta considérablement et le nombre des Églises et celui des Chrétientés. Les deux autres Archevêques de *Péking*, avec leurs nombreux compagnons, ne restèrent pas inactifs, et, bien que les révolutions aient entravé la liberté religieuse, il est impossible d'admettre que des œuvres si nombreuses et tant de chrétiens aient disparu sans laisser de traces.

« ..... Il n'est donc pas téméraire de croire que les nombreux Chinois et Mongols convertis par les franciscains soient demeurés chrétiens longtemps après eux. Sans aucun document et par simple déduction ou comparaison, on peut donc déjà avoir la certitude morale que les chrétiens des franciscains n'avaient point disparu complètement. Mais nous avons de plus un précieux témoignage qui nous donne une certitude presque absolue, celui d'un témoin cité par Trigault et Kircher qui raconta, en 1603, que dans le *Chan-tong* et le *Chan-si* on rencontrait des *adorateurs de la Croix* dont les prédécesseurs avaient subi la persécution de 1543. » (Mgr Favier, *Péking*, pp. 126 et 127.) Les Chrétiens s'étaient surtout réfugiés au *Chan-tong* où ils se tenaient cachés.

CHAPITRE IV

REPRISE DES MISSIONS CATHOLIQUES AUX XVIe ET XVIIe SIÈCLES — ROLE DES FRANCISCAINS

Saint François Xavier s'embarqua pour les missions le 7 mai 1541. Il commença par évangéliser les Indes, où, abordant à *Goa* en 1542, il avait été accueilli cordialement par Jean d'Albuquerque, Évêque franciscain de cette ville, et où il avait trouvé les Frères Mineurs travaillant avec succès à la conversion des Indiens. Il passa en 1549 au Japon, où, ɔt ans plus tôt, étaient arrivés Antoine de Nota, ançois Zeimoto et Antoine Peixota, tous trois ınciscains portugais. Il voulut plus tard entrer en ıine, mais parvenu dans l'île de *San-kiang*, située ı face du *Kouang-tong*, il y tomba épuisé de fatigue y mourut le 2 décembre 1552 sans avoir pu pénéer sur le sol chinois.

Peu après sa mort, Jean de Zumarraga, Évêque anciscain de Mexico, ayant conçu le projet d'enɔyer en Chine des missionnaires, en les faisant ısser de l'Amérique par l'océan Pacifique, le . Martin de Valence et deux confrères, franciscains ɔmme lui, se rendent en Chine par cette voie, mais s ne purent y entrer.

Le P. Gaspard de la Croix, dominicain portugais, ıt plus heureux : en 1556, il réussit à s'introduire ans l'Empire et à y prêcher l'Évangile : mais enuite il fut arrêté, puis jeté en prison et enfin expulsé le Chine. Il retourna à Lisbonne où il mourut.

En 1577, deux Augustiniens, les Pères Martin l'Herrada et Jérôme Marino, abordent au *Fo-kien*, ɩt, après y avoir séjourné trois ans, ils sont pris, ncarcérés, battus de verges et finalement chassés lu territoire chinois.

Le 19 juin 1579, débarquèrent à *Canton* quatre ranciscains venant des Philippines, les Pères Pierre Alfaro, Augustin de Tordesillas, Sébastien Baeza, tous trois espagnols, et Jean-Baptiste de Pesaro, italien, accompagnés de deux frères convers; ils s'y établissent et travaillent à la conquête des infidèles. La nouvelle en étant parvenue aux Portugais qui avaient fondé une colonie à *Macao* sur les côtes de Chine, ceux-ci, n'écoutant que leur jalousie haineuse contre les Espagnols, firent passer nos missionnaires pour des espions de l'Espagne auprès des autorités chinoises qui les retinrent 50 jours en prison et les obligèrent ensuite à quitter le pays. Le P. Sébastien était mort à *Canton*, le P. Augustin retourna à *Manille*; les Pères Alfaro et Jean-Baptiste partirent pour *Macao*, où, après bien des difficultés, ils fondèrent un couvent afin de faciliter, par ce moyen, l'accès de la Chine aux futurs missionnaires de leur Ordre. Le P. Alfaro, poursuivi par la jalousie des Portugais, dut plus tard abandonner *Macao*.

Le P. Jean-Baptiste, resté seul, est à son tour persécuté par les Portugais qui l'emmènent chargé de chaînes sur un vaisseau et le débarquent à *Malacca*. Ramené à *Macao* par le nouveau gouverneur de la colonie, il y établit un Séminaire de jeunes gens se destinant aux missions ; il tente plusieurs fois de pénétrer de nouveau dans l'intérieur de la Chine, mais les Portugais l'empêchent toujours de réaliser ses projets.

En 1582, les Pères Rogerio et Mathieu Ricci, jésuites italiens, ayant gagné les faveurs des Portugais de *Macao*, pénétrèrent dans le *Kouang-tong*. Le premier ayant, peu après, quitté la Chine, le Père Ricci reste seul quelques années sans pouvoir faire quoi que ce soit. Enfin en 1599, il arrive à *Péking*, gagne la protection de l'empereur *Wan-li* par sa science et s'établit définitivement dans la capitale en 1601. Il trouve dans l'Observatoire de *Péking* d'immenses sphères en métal, des cadrans et autres instruments de mathématiques qu'il n'hésite pas à reconnaître comme étant l'œuvre d'hommes possédant des notions scientifiques différentes de celles

les Chinois et dont l'existence paraît devoir être attribuée aux anciens missionnaires franciscains. Il fut le premier restaurateur de la mission de *Péking*, laquelle fut confiée à la Compagnie de Jésus jusqu'en 1785. Il mourut dans cette ville le 11 mai 1610.

L'année même où les Pères Jésuites s'installaient dans le *Kouang-tong*, arrivèrent le 27 juin 1582, à *Kin-tcheou*, ville de la même Province, six franciscains des Philippines, les Pères Martin Ignace de Loyola, Augustin de Tordesillas, Jérôme de Burgos, Jérôme Aguilar, Antoine de Villeneuve et Christophe Gomez. Les autorités chinoises, les regardant comme des espions, les firent mener à *Canton* où ils furent emprisonnés, puis reconduits à *Macao*.

A diverses reprises, les franciscains espagnols des Philippines et de *Macao* essayèrent encore de pénétrer en Chine; toujours la rivalité des Portugais de *Macao* mit obstacle au succès de l'entreprise, jusqu'en 1633 où l'Espagne, s'étant emparée de l'île chinoise de Formose, les seconda de tout son pouvoir dans leur œuvre d'apostolat.

Dès cette époque et dans la suite, ils implantèrent la foi dans six des principales Provinces de la Chine, savoir : celles du *Kouang-tong*, du *Fo-kien*, du *Kiang-si*, du *Tche-kiang*, de *Nan-king* et du *Chan-tong*. Deux d'entre eux, les Pères Gaspard Alanda et François Alameda de la Mère de Dieu, se rendirent même à *Péking*; ils y arrivèrent le 14 août 1637 et y prêchèrent publiquement l'Évangile. Ils furent les premiers franciscains qui rentrèrent dans la capitale de l'Empire après qu'une longue persécution en eut chassé les missionnaires de leur Ordre, dont le zèle y avait établi dans les siècles passés des missions si florissantes. Ils en furent plus tard expulsés à leur tour. Ils en partirent chargés de chaînes et furent condamnés à mort; mais la sentence fut révoquée et on se contenta de les exiler à *Macao*.

Les Franciscains d'autres nationalités vinrent bientôt s'unir aux Franciscains espagnols pour travailler avec eux à la conversion des infidèles, et nous les voyons, les uns et les autres, pendant les XVIIe, XVIIIe et XIXe siècles, s'établir dans les diverses Provinces dont la Chine est composée et y prêcher l'Évangile de concert avec les Dominicains, les Augustiniens et les Jésuites, jusqu'à l'époque où, la Chine ayant été divisée en Vicariats Apostoliques, chacun de ceux-ci fut confié aux missionnaires d'un même Ordre religieux ou d'une même Société.

CHAPITRE V

LES MISSIONS FRANCISCAINES AU XXe SIÈCLE

L'Ordre des Frères Mineurs possède actuellement, en Chine, dix Vicariats Apostoliques :

1° le Chan-tong septentrional;
2° le Chan-tong oriental;
3° le Chan-si septentrional;
4° le Chan-si méridional;
5° le Chen-si septentrional;
6° le Chen-si central;
7° le Hou-pé septentrional;
8° le Hou-pé méridional;
9° le Hou-pé oriental;
10° le Hou-nan méridional. (Voir Pl. I.)

LIVRE II

LE CHAN-TONG

(Pl. II et III)

CHAPITRE PREMIER

NOTIONS PRÉLIMINAIRES

Superficie. — 145 000 kilomètres carrés.

Nombre des habitants. — 38 247 900 habitants, soit 264 au kilomètre carré.

Le nom. — CHAN-TONG signifie *Est des monts*. En effet, une grande partie de la Province se trouve à l'E. du *Tai-chan*.

Limites. — Au N., le détroit du *Tche-ly*, le golfe du *Tche-ly*, le *Tche-ly*. A l'O., le *Tche-ly* et le *Ho-nan*. Au S., le *Ho-nan*, le *Kiang-sou* et la mer Jaune. A l'E., la mer Jaune.

Capitale. — TSI-NAN FOU à quelque distance de la rive droite de *Hoang-ho* et au N.-E. du *Tai-chan*.

Autres Préfectures. — Il y en a neuf, qui sont :

Au S.-O. : 1° Tsao-tcheou fou (M)[1].

Le long du Grand Canal, en allant du N. au S. :

2° Tong-tchang fou (S); — 3° Yen-tcheou fou (M); — 4° I-tcheou fou (M).

Au N., en allant de l'O. à l'E. :

5° Ou-ting fou (S); — 6° Tsing-tcheou fou (O); — 7° Lai-tcheou fou (O); — 8° Teng-tcheou fou (O).

Au S. de *Tsi-nan fou* :

9° Tai-an fou (S).

Il y a en outre trois *tcheou* indépendants : Tsi-ning tcheou (M), Lin-tsing tcheou (S) et Kiao tcheou (M).

Aspect et caractéristiques. — Le *Chan-tong* est formé d'une région montagneuse à l'E. du *Hoang-ho* et du Grand Canal, et d'une région plate à l'O. — La Province est riche, à l'E., en houille et en métaux; riche à l'O., en récoltes et en fruits. Son climat est très doux, grâce au voisinage de la mer. Le Grand Canal lui offrait déjà un débouché facile à ses richesses; ses chemins de fer vont encore augmenter sa richesse. Le souvenir de Confucius lui donne aussi, au point de vue historique, une certaine

1. La Province du *Chan-tong* a été divisée par le Saint-Siège, au point de vue ecclésiastique, en trois Vicariats Apostoliques : le *Chan-tong septentrional*, le *Chan-tong oriental* et le *Chan-tong méridional*. Les deux premiers sont confiés aux Frères Mineurs. Pour faciliter les recherches sur les deux cartes du *Chan-tong* qui nous concernent, nous avons fait suivre les noms des villes dont il est parlé dans ce chapitre des initiales S, O, M, suivant qu'elles appartiennent au *Chan-tong* septentrional, oriental ou méridional.

célébrité, de même que le *Tai-chan*, l'une des cinq montagnes sacrées de la Chine.

Climat. — Il est plus doux au S., mais fort sain. La mousson de N.-O. se fait plus vivement sentir sur la côte du N., celle du S.-E. et la côte du S. — Il y pleut surtout en juillet et août, et la neige, qui y tombe parfois en abondance, disparaît presque aussitôt.

Hydrographie. — A l'O., de longues rivières de plaines, courant en pays plat. La principale est le HOANG-HO, qui y coule du S.-O. au N.-E. Le *Hoang-ho*, fort élevé au-dessus du pays voisin, est retenu par des digues qui parfois se brisent et causent des inondations redoutables. Il n'est navigable que dans les derniers 40 kilomètres.

Plusieurs autres cours d'eau sont navigables, en particulier le TOU-HAI-HO qui suit, au Nord du *Hoang-ho*, une direction parallèle. *Tsi-nan fou* est relié à la mer par un canal navigable qui emprunte, dans la dernière partie de son cours, le lit du *Siao-tsing-ho*.

Au S., deux rivières un peu plus considérables se jettent dans le Grand Canal : le I-HO et le TAWEN-HO.

A l'extrémité O., mais ne faisant qu'y aboutir au Grand Canal : le WEI-HO.

Le grand canal ou YUN-HO traverse toute la partie O. et S.-O. — Il rencontre plusieurs lacs.

Faune et flore. — On y trouve beaucoup de sangliers, de loups, de renards, de blaireaux, de perdrix, de cailles et de bécassines.

Les principaux arbres sont : le pin, le chêne, le peuplier, beaucoup de saules et de cyprès.

Richesses agricoles. — Elles sont abondantes dans la grande plaine de l'O., et consistent en millet, blé, orge, sorgho, maïs, pois, coton, chanvre et pavot. Le riz ne pousse que dans la partie la plus méridionale.

De nombreux arbres fruitiers donnent quantité de poires, pommes, pêches, abricots, prunes, raisin, jujubes.

Le *Chan-tong* fournit aussi une grande quantité de soie : soie ordinaire et soie sauvage, cette dernière produite par un ver qui se nourrit de la feuille du chêne.

D'excellents mulets, des chevaux, des bœufs, des chèvres en grand nombre.

De nombreuses espèces d'excellent poisson se pêchent sur les côtes et dans les rivières : sole, morue, maquereau..., crabes, crevettes, huîtres et moules.

Richesses minérales. — Les principales sont au centre. La houille se trouve dans trois gisements principaux : *Wei-hsien* (O), *Po-chan* (O), au S.-O. de *Tsing-tcheou fou* (O), et *I-tcheou fou* (M). — On y trouve aussi du fer, du cuivre, du plomb argentifère, de l'or, des diamants, du gypse, de l'argile, du grès et une grande abondance de pierres à bâtir.

Population. — Elle est très pressée dans la plaine. — Les gens du *Chan-tong* sont énergiques mais irritables. Dans les environs de *Teng-tcheou fou*

(O) habitent environ 200 000 immigrants de *Hou-pé*, beaucoup plus belliqueux et moins religieux. Ils sont venus s'établir là vers le milieu du XIVe siècle après J.-C.

Langue. — Le mandarin du N. avec sa rudesse.

Villes et centres principaux. — TSI-NAN FOU (S). Résidence du vicaire apostolique du *Chan-tong septentrional*. — A 6 kilomètres au S. du *Hoang-ho*. — 100 000 habitants. Le gouverneur au *Chan-tong* y réside. Son enceinte est fort vaste. Ville jadis célèbre par ses soieries et ses fausses pierres précieuses. C'est actuellement le point de concentration du commerce de tout le *Chan-tong* occidental, un vaste entrepôt, mais non un centre producteur. Elle a maintenant son Université, son École militaire et un corps de police bien organisé.

Le long du Grand Canal :

LIN-TSING TCHEOU (S). — 48 000 hab. Autrefois ville très importante pour son commerce et ses dépôts de marchandises : bien déchue depuis qu'elle fut renversée par les *Tai-ping* en 1855. Ses briqueteries lui donnent pourtant, encore aujourd'hui, une certaine importance.

TSI-NING TCHEOU (M). — 150 000 hab. Autrefois grand marché, maintenant ville industrielle. On y fabrique beaucoup d'objets en cuivre, fer, bambou. La ville exporte de grandes quantités de salaisons.

Au Nord :

TSING-TCHEOU FOU (O). — 35 000 hab. Ville sans

industrie ni commerce, mais à laquelle le voisinage de mines de houille et le passage d'une voie ferrée donnent de la vie.

Po-chan (O). — 35 000 hab. Ville située à moins de 70 kilomètres en ligne droite à l'O.-S.-O. de *Tsing-tcheou fou*. Elle livre d'excellent charbon de terre et a des poteries, des verreries, des huileries et des briqueteries.

Tcheou-tsuen (dans le *Tchang-chan hsien*, *Tsi-nan fou*) (S). — Grand centre de distribution. De là s'exportent les diverses soieries fabriquées dans la Province.

Lai-tcheou fou (O). — 80 000 hab. Ville importante par sa position, son marbre et sa pierre savon.

Teng-tcheou fou (O). — 40 000 hab. Dans une belle position sur la côte; ce fut autrefois une ville de grand commerce. Ses eaux y étaient jadis profondes et les jonques pouvaient pénétrer jusque dans l'intérieur de la ville pour y débarquer leurs marchandises. Les simples barques n'y entrent plus et les navires mouillent à une grande distance au large dans une rade mal abritée. C'est pourquoi les négociants étrangers ont transféré leurs comptoirs à 15 ou 20 lieues vers le S.-E., au port plus vaste, plus profond de *Tche-fou*.

Tche-fou ou Yen-tai (O). — 70 000 hab. Résidence du vicaire apostolique du *Chan-tong oriental*. Port de commerce important, A l'E. de la baie du même nom, se trouve une suite d'îlots, dont le plus important est celui de Kiong-tong, cédé à la France en 1860. Sur cet îlot est élevé un phare qui éclaire l'entrée de la rade. Le port jouit d'un excellent climat et d'une belle plage. Le commerce consiste surtout en pois, fèves, blé, soie, à l'exportation, et opium, à l'importation.

Wei-hai-wei (O). — Port excellent situé au fond de la baie du même nom. Une île, Lieou-kong-tao, longue de 3 kilomètres, l'abrite à l'E. et le cap Cod au N. — Le port et une zone de 16 kilomètres environ ont été loués à l'Angleterre en 1898. Ce territoire, qui comprend 125 000 habitants, est gouverné par un Commissaire Anglais, mais la ville reste administrée par les autorités chinoises, comme aussi les 350 villages du territoire.

Au Sud :

Tsing-tao. — Ville située à l'entrée de la baie de *Kiao-tcheou*. Elle a été louée à l'Allemagne pour 99 ans en 1898. Depuis, la location s'est étendue à un territoire de 7100 kilomètres carrés, comprenant toute la contrée voisine de la baie de *Kiao-tcheou*. L'entrée de la baie a une largeur de 2 kilomètres et un phare l'éclaire la nuit. Le port ne cesse de se développer. Une grande digue de 6 kilomètres de longueur entoure le grand bassin. Les bourgs et les villes des environs grandissent rapidement et voient s'augmenter leur population. — Le port de *Tsing-tao*, grâce aux hauteurs de 500 à 1 500 mètres qui le dominent à l'O. et à l'E., est facile à fortifier. A proximité d'importantes mines de houille, il deviendra vite un important entrepôt de charbon.

Durant la grande guerre 1914-1915, *Tsing-tao* et tout le territoire qui en dépend ont été pris aux Allemands par les flottes Japonaise et Anglaise.

Au Nord de *Tsing-tao* :

WEI-HSIEN (O). — 100 000 habitants. Ville située sur la grande route de commerce de la région, elle en concentre toutes les affaires. Le nouveau chemin de fer y passe, donnant un débouché facile aux riches mines de houille qui se trouvent au S.-E. de la ville. C'est un grand entrepôt de marchandises : soie, tabac, charbon.

N. B. — 1° Le mont *Tai-chan* est situé à 9 kilomètres au N. de *Tai-an fou* (S). — C'était un lieu de pèlerinage dès le xxe siècle avant J.-C. — Chaque secte y a ses temples, et des multitudes y accourent, au printemps de chaque année.

2° La sous-préfecture de *Kiu-feou hsien* (*Yen tcheou fou*, M) est la patrie de Confucius. Il y naquit l'an 551 av. J.-C., la vingt et unième année de l'empereur *Ling-wang* de la dynastie des *Tcheou*, et mourut en 479. Son enseignement se résume en quelques leçons de morale naturelle et quelques maximes des anciens sages. (L. Richard, S. J., *Géographie de l'Empire Chinois*, Chang-hai.)

CHAPITRE II

HISTOIRE RELIGIEUSE DU CHAN-TONG

La Province du *Chan-tong* dut être évangélisée dès les commencements du Christianisme par l'Apôtre saint Thomas lui-même, — certains documents établissant qu'il prêcha la religion chrétienne dans le

Cathay, c'est-à-dire la Chine septentrionale, — ou du moins par quelques-uns de ses disciples.

Des prêtres catholiques appartenant à l'Église d'Asie durent continuer son œuvre durant les siècles suivants. Ce qui est certain, c'est qu'au VIIe siècle la religion catholique, hautement protégée par les empereurs Chinois de la dynastie des *Tang* (618-907) et répandue dans tout l'empire, y fit alors et dans la suite de grands progrès. Le recensement fait en 845 démontre qu'à cette époque il y avait en Chine 3000 prêtres catholiques. Il paraît évident que le christianisme était en ce temps aussi florissant dans le *Chan-tong* que dans les autres provinces de Chine.

Un témoignage tout particulier nous en est fourni par un missionnaire franciscain de cette province, le P. Charles de Castorano. En avril 1722 lui était apportée une médaille qu'un chrétien venait de trouver à *Lin-tsing tcheou*, ville du *Chan-tong*. Elle était attachée, dit-il, à une pièce de monnaie chinoise avec laquelle elle avait été unie par la même fonte. Cette médaille qui, à n'en pas douter, avait été fabriquée en Chine, présentait d'un côté l'image du Sauveur et de l'autre celle de la Sainte Vierge, toutes deux sans inscription et tout à fait semblables, ajoute le Père, à celles des médailles frappées de nos jours. Quant à la pièce de monnaie, elle était de même forme et portait les mêmes caractères que celles qui furent émises en la première année du règne de l'empereur Chinois *Soung tai tsoung*, c'est-à-dire en 976[1]; d'où il faut conclure, avec le P. Charles de Castorano, « que les vérités du Christianisme ont été

1. Voir *Écho de la Mission du Chan-tong oriental*, ann. 1913, p. 17 et suiv.

annoncées dès ces temps-là aux Chinois et que le nombre des chrétiens devait être considérable, puisqu'on y fabriquait des médailles ».

Vinrent ensuite les persécutions, puis les invasions tartares qui durent porter un coup fatal au catholicisme. Le célèbre franciscain Jean de Mont-Corvin, premier archevêque de *Péking* (1307), allait le faire refleurir dans les diverses provinces de l'empire chinois, où il établit des évêques et des missionnaires de son Ordre. Celle du *Chan-tong*, limitrophe de la province de *Péking*, reçut, une des premières, les bienfaits de l'évangélisation des religieux de Saint-François. Les conversions s'y multiplièrent, et des églises s'y élevèrent bientôt de toutes parts. En 1326, nous y trouvons dans la ville de *Lin-tsing tcheou* le Bienheureux Odoric de Pordenone, l'illustre apôtre franciscain du XIVe siècle.

Après la chute, en 1368, de la dynastie des *Yuen*, protectrice des missions, commença dans la suite une série de persécutions. Mais les Franciscains n'en continuent pas moins à exercer secrètement leur apostolat en Chine et les chrétiens à y pratiquer leur religion. Ceci ressort de l'attestation donnée par un Juif affirmant en 1603 qu'à *Lin-tsing tcheou*, dans le *Chan-tong*, il y avait quelques étrangers, dont les prédécesseurs étaient venus des royaumes voisins, qu'ils étaient *adorateurs de la Croix*, etc.: d'où il suit que des chrétiens convertis par les Franciscains existaient encore en Chine, lors de l'arrivée à *Péking* en 1599 du P. Mathieu Ricci, jésuite, que certains prétendent à tort avoir été le premier à évangéliser la Chine.

Avant lui, les religieux franciscains de la province

Saint-Grégoire des Philippines avaient, dès 1579, repris l'œuvre de l'évangélisation de la Chine. Deux d'entre eux, les PP. Antoine de Sainte-Marie et Bonaventure Ibanez, devaient être les restaurateurs de la mission franciscaine du *Chan-tong*.

Le P. Antoine de Sainte-Marie, l'un des plus illustres apôtres de la Chine au XVIIe siècle, était né le 20 avril 1602 dans le diocèse de Palencia (Espagne). Entré à l'âge de 16 ans dans l'Ordre de St-François, il était passé plus tard aux Philippines, et il en était parti pour aller en Chine évangéliser la province du *Fo-kien* de concert avec les PP. Dominicains qui s'y étaient déjà établis et qui le reçurent avec une cordialité toute fraternelle dans leur mission de *Fou-ngan*.

Pendant le séjour qu'il y fit, la première conquête de son zèle apostolique fut un jeune Chinois d'une famille *Lou*, qu'il baptisa sous le nom de Grégoire et à qui il apprit ensuite le latin. Grégoire, dont les Espagnols changèrent le nom patronymique *Lou* en celui de Lopez, sous lequel il est dès lors désigné dans l'histoire, suivra son maître partout jusqu'en 1649, où, envoyé par lui à Manille, il demandera à être admis dans l'Ordre de St-François; n'ayant pu y être reçu, il entra dans celui de St-Dominique, devint plus tard évêque titulaire de Basilée et Vicaire Apostolique de *Nan-king* et fut le premier évêque que la Chine eût encore donné au Christianisme.

Soucieux de prêcher la doctrine catholique dans toute son intégrité, les PP. Dominicains et Franciscains s'appliquent de tout leur pouvoir à empêcher leurs chrétiens de pratiquer les rites chinois entachés d'idolâtrie, que d'autres missionnaires croyaient pouvoir tolérer. De là surgissent pour leur ministère de grandes difficultés et persécutions qu'il serait trop long de rapporter. Après avoir pris toutes les informations nécessaires sur ce point et rédigé des rapports concluant à la prohibition absolue de ces pratiques, les missionnaires chargent le P. Antoine de la mission d'aller les soumettre à l'Archevêque de Manille et à l'Université catholique de cette ville.

Il quitte le *Fo-kien* et s'embarque en février 1636. Durant la traversée il est pris par des pirates protestants hollandais qui le tiennent en captivité et le soumettent aux plus durs travaux pendant un an et demi. Racheté par des marchands espagnols, il gagne enfin Manille, où les autorités ecclésiastiques, après avoir examiné la question des rites chinois, le chargent d'aller la porter à Rome avec le P. Jean-Baptiste Moralès, dominicain, missionnaire, comme lui, du *Fo-kien*. Tous deux reprennent la mer, débarquent à *Macao*, d'où, à raison de circonstances spéciales, le P. Moralès part seul pour Rome. Les Espagnols ayant été, peu après, chassés de *Macao* par les Portugais, maîtres de cette colonie, le P. Antoine en sort avec les Clarisses espagnoles pour regagner Manille. Leur bateau est jeté en janvier 1645 par les vents contraires dans le port de *Tourane*, en Annam, où on les condamne à mort. Mais Dieu ayant changé subitement le cœur du gouverneur de l'endroit et du roi lui-même, la sentence est rapportée. Le P. Antoine en profite pour y prêcher Jésus-Christ et en trois mois il y convertit 2 000 païens. Il s'embarque ensuite pour Manille, où il parvient avec les religieuses confiées à sa garde.

Cependant le P. Moralès arrivé à Rome y ayant fait le plus grand éloge de l'apôtre franciscain, le Pape Urbain VIII par lettres du 20 avril 1643, confirmées par son successeur, avait nommé le P. Antoine de Ste-Marie Préfet apostolique en Chine, le rendant indépendant de toute autre autorité que de celle du Souverain Pontife et lui conférant les pouvoirs les plus étendus.

Le P. Antoine retourne de nouveau en juillet 1649 dans le *Fo-kien*, emmenant avec lui plusieurs religieux de son Ordre, entre autres le P. Bonaventure Ibanez.

Les populations du midi étaient alors en pleine révolte contre la dynastie tartare des *Tsing* qui en 1644 s'était emparée de l'empire. Jugeant le moment peu propice pour évangéliser les Chinois, le P. Antoine songe dès lors à aller exercer son apostolat en Corée. Il quitte le *Fo-kien* en juin 1650 avec deux domestiques chinois; malgré son mauvais état de santé, malgré les dangers de tout genre, il prend la voie de terre, et après un voyage de 575 lieues il arrive à un port du Nord de la Chine à proximité de la Corée. Ne trouvant pas de batelier qui veuille le transporter en ce pays, il se dirige sur *Péking*; là il est conduit à la résidence du P. Adam Schall, jésuite, Président du tribunal chinois des mathématiques, jouissant d'une grande influence à la Cour. Ce dernier lui conseille de se rendre plutôt dans le *Chan-tong*.

Dans les commencements du XVIIe siècle les PP. Jésuites avaient rétabli quelques chrétientés dans cette province; et ce fut leur supérieur, le Père Nicolas Longobardi, qui, le premier, avait, en 1636, à *Tsi-nan fou*, amené quelques mandarins et lettrés chinois à la religion catholique, dont ils étaient devenus dès lors les puissants protecteurs. Mais dans la suite les PP. Jésuites, à raison du manque de prêtres, ne purent suffisamment s'occuper de cette mission; aussi le P. Schall crut-il devoir engager le P. Antoine de Ste-Marie à aller leur prêter son concours.

Notre missionnaire, avant de prendre une décision, consulte son divin Maître et il reçoit de lui l'invitation à partir pour le *Chan-tong*. Il s'y rend immédiatement et arrive à *Tsi-nan fou* en novembre 1650. Sur les lettres de recommandation du P. Schall, il y est accueilli favorablement par le Gouverneur de la province : ce mandarin et deux de ses amis lui fournissent même 130 taëls d'argent pour acheter en ville un terrain; il y bâtit une maison et une église dédiée par lui le 2 août suivant à Notre-Dame des Anges. En 1653, ayant jugé utile pour le bien de sa mission d'y passer les examens de lettré chinois, il en sort troisième du concours avec une note supérieure et avec le titre et les pouvoirs de mandarin. Cette dignité, sa grande érudition chinoise qui lui permit de publier en chinois d'excellents ouvrages de doctrine et d'apologie du christianisme, devaient le seconder puissamment dans son apostolat.

Le P. Bonaventure Ibanez était venu le rejoindre en décembre 1651 ; il allait partager ses travaux pendant dix ans jusqu'au moment où le P. Antoine crut devoir l'envoyer à Rome et en Espagne pour y rendre compte de l'état prospère de la mission et en ramener de nouveaux ouvriers évangéliques.

La sainteté et l'austérité de leur vie, leur zèle inlassable, leurs ardentes prédications, les miracles que Dieu sème sur leurs pas, multiplièrent les conversions dans la capitale du *Chan-tong* et les environs, aussi bien que dans la partie orientale de la province, dont ils étaient spécialement chargés et où le P. Antoine de Ste-Marie fonda plusieurs églises, notamment dans les villes de *Sin-tcheng*, de *Poutai* et de *Po-hsing*. La partie occidentale de la province était alors évangélisée par les PP. Jean Balat, jésuite, et Dominique Coronado, dominicain, qui avait fondé une mission dans la ville de *Tsi-ning tcheou*.

En janvier 1665, les ennemis du P. Adam Schall provoquèrent des édits de persécution contre les chrétiens et tout particulièrement contre les prêtres européens. A cette date le P. Antoine de Sainte-Marie avait déjà baptisé 5000 païens Chantonnais. Dès le 20 janvier, il est arrêté. Après avoir subi tout un mois, à *Tsi-nan fou*, avec le P. Balat, les horreurs d'une détention extrêmement dure, il est, comme ce dernier, conduit enchaîné à *Péking*, où a été amené également le P. Coronado.

Traduit de tribunaux en tribunaux devant lesquels il confesse énergiquement sa foi, enfermé dans des prisons infectes, où il continue à exercer son apostolat auprès de ses compagnons de captivité, soumis aux plus affreux tourments, il est enfin exilé à *Canton*, où il est dirigé le 13 septembre, en compagnie du P. Balat, de 20 autres Jésuites et de 3 Dominicains. Le P. Coronado était déjà décédé à *Péking* dans sa prison.

Le P. Antoine de Sainte-Marie mourut à *Canton*

le 13 mai 1669 en odeur de sainteté. Ses funérailles s'y firent avec une pompe extraordinaire. Son ancien disciple, l'évêque chinois Mgr Grégoire Lopez, Vicaire Apostolique de *Nan-king*, alors à *Canton*, rédigea lui-même l'inscription élogieuse qui fut gravée sur la pierre du sépulcre, et qui existe encore. A son tombeau, auquel se rendent fréquemment les païens, s'opérèrent des miracles jusqu'à nos jours, comme en témoigne une lettre de Mgr Guillemin, Vicaire Apostolique du *Kouang-tong*, en date du 1er août 1865.

Le P. Bonaventure Ibanez, revenu d'Europe avec de nouveaux missionnaires de son Ordre, avait pu réussir à pénétrer en novembre 1672 dans la ville de *Canton*, où il devait mourir à 84 ans, le 11 octobre 1691. Investi de la charge de Préfet des missions de Chine confiées aux Franciscains des Philippines, il désigne, pour aller dans le *Chan-tong* relever de ses ruines sa chère mission, son confrère le P. Augustin de Saint-Pascal qui avait pu pénétrer en Chine dix mois avant lui et qui alors travaillait dans la mission du *Fo-kien*. Ce vertueux et zélé missionnaire y arrive en 1677 avec le P. Michel Florès, qu'il devait avoir comme collaborateur pendant dix ans. Il y recouvre les églises fondées à *Tsi-nan fou* et dans les autres villes par le P. Antoine de Sainte-Marie et accaparées par les païens; il en élève de nouvelles dans les villes de *Li-tsin* et de *Tsi-ning tcheou*. Il a la consolation de réconcilier les apostats de la dernière persécution, de rétablir la ferveur chez les chrétiens qui s'étaient relâchés, et de faire entrer dans le sein de l'Église des milliers d'infidèles. Connaissant parfaitement la littérature Chi-

›ise, il compose en cette langue sept ouvrages de ·ligion, dignes des plus grands éloges, en vue de availler plus efficacement encore à l'instruction es fidèles et à la conversion des païens. Après uinze ans de labeurs apostoliques dans le *Chan-›ng*, il fait, au prix de fatigues extrêmes, la visite e toutes les missions franciscaines établies dans es différentes provinces de Chine, dont il a été ıommé Visiteur régulier, et il meurt, sur mer, au nilieu des regrets unanimes, le 11 octobre 1697, ›endant le voyage qu'il avait entrepris pour se 'endre à Rome.

A la tête de la mission du *Chan-tong* il avait laissé un religieux de son Ordre, le P. Bernard de l'Incarnation, ancien missionnaire du *Fo-kien*. Nous trouvons ce dernier en 1685 dans la ville de *Lin-kiu*, où il établit une église; trois ans plus tard il en érige une autre dans la ville de *Tsing-tcheou fou*.

Le célèbre empereur *Kang-hi*, le Louis XIV de la Chine, qui dans les commencements de son règne avait proscrit le catholicisme, ayant rendu, en mars 1692, un édit de liberté religieuse pour les chrétiens, les missionnaires franciscains en profitent pour augmenter le nombre de ces derniers : ils propagent la foi avec une telle ardeur qu'ils fondent des chrétientés dans presque tout le *Chan-tong*.

Leur Commissaire provincial, le P. Emmanuel de Saint-Jean-Baptiste, missionnaire en Chine de 1685 à 1710, avait gagné l'amitié et les faveurs de *Kang-hi*. L'empereur étant un jour à *Tsi-ning tcheou*, dans le *Chan-tong*, se rendit en grand apparat à la résidence du pauvre franciscain, et, après un entretien familier de plusieurs heures, le laissa comblé de présents.

Quelques années plus tard, il devenait très hostile à la religion à la suite de la condamnation pontificale des rites chinois idolâtriques et lançait les décrets de persécution de 1706.

Le P. Bernard de l'Incarnation qui, comme tous les missionnaires de l'Ordre Séraphique, en réprouvait la pratique, continue à exercer son ministère en cachette. Traqué de toutes parts, il est enfin découvert, jeté en prison, puis déporté à *Goa* dans l'Indoustan. Il s'en échappe et revient à *Canton* où il meurt plein de mérites le 29 juillet 1719, à l'âge de 90 ans, dont 41 passés en Chine.

Dès 1680, la S. Congrégation de la Propagande avait envoyé en Chine cinq missionnaires italiens de l'Ordre de Saint-François : leur chef, le P. Bernardin della Chiesa, avait reçu la consécration épiscopale dans l'Église même de la Propagande. L'entrée de la Chine restait toujours interdite aux missionnaires en vertu de l'édit impérial de 1671, mais, visiblement protégé par la divine Providence, il réussit à forcer la consigne et arrive à *Canton* avec ses confrères, le 27 août 1684, « après un pénible voyage de 4 ans et 5 mois », écrit-il lui-même.

Le 10 avril 1690, Alexandre VIII érige en évêchés *Nan-king* et *Péking*, et les détache du siège de *Macao*, duquel relevaient alors toutes les missions de Chine. Mgr Bernardin della Chiesa est en même temps nommé évêque de *Nan-king*. Le 15 octobre 1696 seulement fut délimité le territoire ecclésiastique de *Péking* comprenant le *Tche-ly*, *Chan-tong*, etc., et, à cette date, Mgr della Chiesa est transféré à *Péking*, dont il devient évêque. Ainsi, le siège épiscopal de *Péking*, dont le premier archeѐque avait été le célèbre franciscain Jean de Montorvin (1307) et qui par la force des choses avait été ıpprimé en 1483, se trouvait, dès son rétablisseıent, avoir encore pour premier titulaire un relíieux de l'Ordre de Saint-François.

Ne trouvant pas à s'installer dans la capitale de empire, où il n'y avait que les établissements des 'ères Jésuites, Mgr Bernardin della Chiesa se etire à *Tsi-nan fou*, capitale du *Chan-tong*, dans la ésidence fondée par les Franciscains espagnols. Il ie procure ensuite une petite maison dans la partie occidentale de cette province, en la ville de *Linsing tcheou*, sur le Grand Canal impérial, et il y ixe définitivement sa résidence.

C'est de là qu'il rayonne sur toute cette partie de la province, où il multiplie par son zèle le nombre des conversions. Il est aidé dans le saint ministère par plusieurs religieux de son Ordre et de sa patrie: ce furent en particulier le P. Antoine de Frosinone, qui lui arrive en 1699 et qui en 1707, obligé de se rendre à *Péking*, y est arrêté, puis chassé de l'empire et forcé de rentrer en Italie, où il meurt en 1739, évêque de Bisceglia, dans la Pouille; et le P. Charles Horatii de Castorano, qui, après avoir traversé la Chine du Sud au Nord, parvient en 1701, avec plusieurs confrères, à *Lin-tsing tcheou*. Ce dernier fonde bon nombre de chrétientés sur le territoire dépendant de cette ville et de plusieurs autres villes telles que *Toung-chan fou*, *Kouan-shien*, *Tang-yi*, *Shihping*, *Shen-hsien*, *En-hsien*, *Ou-tcheng*, *Hsia-tching*, *Te-tcheou*, *Ping-yin*, *Toung-o*, *Yang-Kou*, dans le *Chan-tong*, et *King-tcheou*, dans le *Tche-ly*. Il achète une grande maison dans la ville de *Toung-chan fou*, bâtit une église dans celle de *Ou-tchéng* et aide les chrétiens à élever des oratoires dans leurs propres villages.

Malgré les édits de persécution de 1706, le Père Charles de Castorano se rend en 1713 à *Péking*, dont les trois églises étaient desservies par les Pères Jésuites, les seuls missionnaires de la ville, afin d'y publier en qualité de Vicaire général de Mgr della Chiesa, évêque de la capitale, les décrets de Clément XI, des années 1704 et 1710, qui interdisaient à nouveau aux chrétiens la pratique des rites chinois idolâtriques. De grosses difficultés s'étant opposées à la publication immédiate de ces décrets, l'évêque crut devoir temporiser et rappela le Père Charles près de lui.

Clément XI ayant le 19 mars 1715 lancé la Constitution *Ex illa die* qui condamnait solennellement les rites chinois et qui ne parvint à Mgr della Chiesa que sur la fin de l'année suivante, le P. Charles de Castorano retourne à *Péking*; dès qu'il y arrive, il l'y promulgue inopinément le 5 novembre 1716 dans les trois églises de la ville. Le lendemain, sur une dénonciation, il est arrêté, chargé de 9 lourdes chaînes : 3 au cou, 3 aux mains, 3 aux pieds, et incarcéré dans la prison des malfaiteurs. Quelques jours après, amené devant le tribunal, il défend si bien sa cause qu'il est remis en liberté, mais pour se voir condamner à partir en exil à *Canton*. Peu satisfaits de cette solution, ses adversaires l'accusent derechef : ce qui lui vaut d'être retenu en détention à la capitale et en butte à toutes sortes de tribulations pendant dix-sept mois, après lesquels il peut enfin rentrer à *Lin-tsing tcheou*. (*Orbis seraphicus*, édit.

P. Marcellino a Civetia et Theophilo Domenichelli : *Appendice bibliografica*, p. 715, n. 47. Quaracchi, 1886.)

Cependant que la persécution faisait rage contre les chrétiens, Dieu se plaisait à les encourager et à les confirmer dans la foi par des prodiges étonnants : c'est ainsi qu'à *Tsi-nan fou*, les 20 août et 8 septembre 1718, brillèrent dans les airs pendant un certain temps des croix lumineuses qui y furent vues par des milliers de personnes.

Mgr Bernardin della Chiesa étant décédé le 21 décembre 1721 dans sa résidence de *Lin-tsing tcheou*, le P. Charles de Castorano le fit enterrer dans un cimetière qu'il s'était procuré à proximité de la ville.

Un an plus tard, l'empereur *Kang-hi* mourait à son tour après 60 années de règne. Ses quatre successeurs devaient pendant plus de cent ans persécuter à outrance la religion catholique. Le premier d'entre eux fait paraître en janvier 1724 un édit plus sévère encore que les précédents, ordonnant que tous les missionnaires fussent chassés de l'empire, que leurs églises fussent converties en maisons d'utilité publique, et que leur religion fût rigoureusement interdite.

Aussitôt furent confisquées les résidences et églises de la mission du P. Ch. de Castorano. Il y poursuit néanmoins le plus secrètement possible ses travaux apostoliques.

La question des rites chinois continuant à provoquer des dissensions fâcheuses entre les missionnaires, les uns (le plus grand nombre) les prohibant absolument, les autres croyant devoir les autoriser, le P. Ch. de Castorano, qui avait été nommé Délégué apostolique pour le diocèse de *Péking*, la Tartarie et la Corée, se résolut, sur les instances de Mgr Ferreri, coadjuteur franciscain du Vicaire Apost. du *Chen-si*, à retourner à Rome en 1734 après plus de 33 années de missions pour y informer le Saint-Siège de la situation pénible des missions et le prier d'y apporter un remède opportun. A la suite de ses démarches auprès du Souverain Pontife et de la Sacr. Congr. du Saint-Office, l'affaire des rites chinois fut de nouveau examinée et traitée à fond d'après l'exposé qu'il en fit avec une extrême compétence et sûreté de doctrine. Il eut la consolation de voir couronner de succès le zèle déployé par lui pour sauvegarder l'intégrité de la foi. Benoît XIV en effet promulguait le 2 juillet 1742 la Bulle magistrale et définitive *Ex quo singulari* qui, coupant court à toutes les interprétations contraires, condamnait sans appel la pratique des rites chinois idolâtriques et qui depuis lors est restée la règle immuable à suivre pour l'Église de Chine.

Quelques années plus tard, le P. Charles de Castorano mourait en Italie. Entre autres ouvrages, il a composé, durant son séjour en Chine, un très utile Dictionnaire Chinois-Latin-Italien, augmenté d'une grammaire chinoise, en un volume in-folio de 1122 pages.

Après son départ de Chine, trois religieux de son Ordre étaient restés dans la partie occidentale du *Chan-tong*, pour y continuer ses œuvres d'apostolat en s'y tenant cachés dans les maisons de pieux chrétiens.

A la même époque, tant à *Tsi-nan fou* que dans

les régions orientales et méridionales de la province, les Franciscains espagnols des Philippines poursuivent avec non moins de courage leurs travaux d'évangélisation : ce n'est qu'en cachette et de nuit qu'ils peuvent s'y livrer au prix des plus grandes difficultés et au milieu des dangers de tout genre.

Le P. Joseph de Villena pendant 25 ans y remplit un ministère des plus fructueux jusqu'en 1744, où il meurt à 47 ans en odeur de sainteté.

Le P. Antoine Almaden de la Mère de Dieu, qui est venu l'y rejoindre en 1729, le seconde avec ardeur; assailli par les ennemis du nom chrétien, il est un jour frappé par eux si cruellement qu'il est laissé pour mort. Il leur échappe, mais peu après, en 1739, il est pris par les satellites du tribunal, incarcéré, puis conduit enchaîné à *Péking*. Là il est condamné à mort pour avoir prêché la religion chrétienne, mais la sentence est ensuite révoquée et commuée en la peine d'exil. Déporté à *Macao*, il en part pour la Cochinchine, où, après cinq ans d'apostolat, il trouve la mort dans un naufrage.

Le P. Emmanuel de Mieses, arrivé en 1743 dans le *Chan-tong*, nous est présenté par ses contemporains comme un missionnaire infatigable que ne pouvait arrêter le mauvais état de sa santé. Constamment menacé de mort et recherché par les satellites de tous les tribunaux, il leur échappa toujours. Et cependant sa barbe et ses cheveux roux contrastant singulièrement avec la chevelure noire des Chinois auraient pu le faire reconnaître, dit son biographe, aussi facilement qu'une blanche colombe au milieu des corbeaux. Après avoir recueilli de nombreux fruits de salut, pendant ses treize années de mission dans la province, il décédait en 1756 à *Tsi-nan fou.*

Quelque temps avant son décès, le P. Mathias de Sainte-Thérèse, précédemment vice-commissaire des missions franciscaines en Cochinchine, et le P. Bonaventure d'Astorga étaient parvenus à pénétrer dans le *Chan-tong.* La mission des Pères espagnols y possédait encore alors des résidences ou églises dans les villes de *Tsi-nan fou*, *Sin-tcheng*, *Kao-yuen*, *Cheou-koang*, *Tsing-tcheou fou*, *Taian fou* et *Tsi-ning tcheou.* Le P. Mathias évangélise la province pendant 40 années avec un courage et une prudence tels qu'il peut échapper aux persécuteurs. C'est à *Tsi-nan fou* qu'il s'endormit dans le Seigneur en 1790 à l'âge de 73 ans. Il était retourné en 1765 aux Philippines et il en avait ramené avec lui le P. Joseph de Madrid qui fut pendant onze ans son dévoué collaborateur et qui, lui aussi, mourut à *Tsi-nan fou* en 1777.

Le P. Bonaventure d'Astorga, occupé spécialement sur le territoire de *Lin-kiu*, y recueille de nombreux fruits de salut par son zèle, sa vertu et ses miracles. La persécution, à la suite de l'arrestation de quatre missionnaires franciscains du *Hou-koang*, ayant redoublé de violence en 1784, il est arrêté et emprisonné à *Tsi-nan fou.*

En décembre de l'année précédente étaient arrivés à *Canton* neuf franciscains envoyés par la Propagande. Deux d'entre eux, les PP. Crescent Cavalli d'Eporedia et Atto de Pistoie, italiens, avaient pénétré dans le *Chan-tong.* Ils exerçaient leur apostolat en cachette dans la partie occidentale de la province, quand ils furent pris à leur tour. On les conduisit enchaînés à *Péking*, ainsi que le P. Bonaventure : ils y furent aussitôt incarcérés et soumis aux plus cruelles tortures.

Le P. Marien de Norma, franciscain de la province Romaine, qui depuis 23 ans déjà missionnait, lui aussi, dans cette région occidentale du *Chan-tong*, y remplissait alors les fonctions de Vicaire général de Mgr Alexandre de Gouvéa, franciscain portugais du Tiers-Ordre Régulier, évêque de *Péking* de 1782 à 1808. Croyant être plus en sécurité dans la capitale même de l'empire, pendant que durerait la tourmente, il s'y rendit et s'y tint caché quelque temps dans la maison d'une famille chrétienne. Mais bientôt, craignant qu'à cause de lui ses hôtes n'eussent dans la suite à subir de mauvais traitements et ne fussent par là même exposés au danger d'apostasier, il sortit de sa retraite et alla se présenter de lui-même au tribunal en 1785. Il espérait, semble-t-il, que son arrestation contribuerait à atténuer les rigueurs de la persécution, comme cela arrivait parfois en Chine, quand on avait pu s'y saisir d'un prêtre européen en vue. Les mandarins devant qui il comparut le traitèrent avec la dernière cruauté et le firent emprisonner avec ses confrères.

L'insuffisance de la nourriture déjà fort répugnante par elle-même, l'humidité et l'infection de la prison, les privations de tout genre devaient être funestes à plusieurs des dix-huit missionnaires incarcérés pour la foi.

Le 28 juillet 1785 le P. Atto de Pistoie, épuisé par la maladie, mourait dans sa prison comme un saint. Il n'avait que 33 ans.

Les missionnaires Lazaristes qui avaient, à *Péking*,

succédé aux Pères de la Compagnie de Jésus dissoute par Clément XIV et qui avaient acquis une certaine influence à la Cour, réussirent enfin à obtenir la délivrance des prisonniers, au retour d'un voyage de l'empereur en Tartarie. Le 10 novembre 1785 un édit impérial mettait fin à la captivité des douze missionnaires survivants (dix franciscains et deux prêtres des Missions Étrangères de Paris) : mais il leur permettait seulement de rester dans les églises de *Péking*; sinon, il leur enjoignait de quitter la Chine.

Le P. Marien, qui était demeuré à *Péking*, devint en 1787 Vicaire Apostolique des deux provinces réunies du *Chen-si* et du *Chan-si* où il décéda en 1790. Le P. Crescent resta attaché au *Nan-tang* (Église du Sud) dans la capitale et y mourut le 24 décembre 1791, à l'âge de 47 ans, alors que le Pape Pie VI venait de le nommer Vicaire Apostolique du *Chen-si*.

Quant au P. Bonaventure d'Astorga, il gagna *Macao*, puis la Cochinchine qu'il évangélisa durant deux ans; il en partit ensuite pour rentrer dans le *Chan-tong* sur le territoire de *Lin-kiu* : il put y continuer son ministère en secret, et échapper aux poursuites des gens du tribunal, grâce à l'obligeance d'un païen qui lui ménagea un asile sûr dans sa maison. Le Seigneur le rappela à lui en 1796 à l'âge de 78 ans. Sa mémoire est restée en vénération dans le pays.

Au moment de la grande révolution française et dans les commencements du XIXe siècle, les Ordres religieux, qui parvinrent avec peine à se soustraire à une ruine complète, ne purent envoyer que fort peu de sujets dans les missions. D'autre part, le gouvernement chinois continuait à empêcher l'entrée des missionnaires dans l'empire. Seuls quelques prêtres chinois mirent à cette époque tout leur dévouement à visiter de loin en loin les plus importantes chrétientés du *Chan-tong*.

Le 3 septembre 1839 Grégoire XVI érigea en Vicariat Apostolique le *Chan-tong*, qui jusque-là dépendait de l'évêché de *Péking*; il en nomma le 10 janvier suivant comme premier Vicaire Apostolique le comte Louis de Bési, originaire de Vérone, religieux de la Congrégation de la Sainte-Famille de Naples, alors Provicaire du *Hou-koang*, où il était arrivé sept ans auparavant. Mgr de Bési, après avoir reçu le 14 mars 1841 la consécration épiscopale des mains de Mgr Salvetti, Vicaire Apostolique franciscain du *Chen-si*, se rendit dans le *Chan-tong*, avec un prêtre chinois nommé Jacques *Wang*. Peu après lui arrivait le P. Louis Moccagatta.

Le P. Louis Moccagatta, né le 9 octobre 1809 à Castellazzo (Piémont), et reçu le 14 octobre 1826 dans l'Ordre de St-François, était débarqué à *Macao* le 4 octobre 1840. Quelque temps après, il entreprend de gagner le *Chan-tong* en cachette et sous un déguisement : il a pu se faire accepter sur un bateau chinois, mais il doit y rester caché à fond de cale dans un réduit ayant à peine un mètre de haut, d'où il ne lui est pas permis de sortir. Après quarante jours d'une si pénible navigation, il descend à terre avec son guide, un chrétien du midi. Il leur faut voyager le plus secrètement possible par des chemins détournés, sans cesse en danger de tomber entre les mains des persécuteurs. En juillet 1841 ils étaient arrivés à un village proche de *Tsi-nan fou*.

Pendant qu'ils s'y reposaient un peu à l'ombre des grands arbres, un des paysans attroupés autour d'eux croit reconnaître dans le P. Louis un étranger : il le fait entrer chez lui, et notre missionnaire est aussi surpris qu'heureux de se trouver ainsi inopinément au milieu d'une famille chrétienne. Après avoir passé quelques jours à prodiguer à ses hôtes les secours de la religion, dont ils étaient privés depuis longtemps, il se remet en route pour se rendre dans la chrétienté de *Che-eul-li-tchoang*, voisine de la ville d'*Ou-tcheng*, à l'extrémité Nord-Ouest du *Chan-tong*.

Il y avait à cette époque dans la partie orientale de la province un religieux espagnol, le P. Jean Morra de Castroforli. Les vieux chrétiens, dont les préférences étaient pour les missionnaires espagnols, en souvenir de leurs anciens pères en la foi, ne voulaient pas d'un évêque italien; aussi pendant quelque temps refusèrent-ils de reconnaître son autorité. Le P. Jean Morra se retira sans doute alors : on n'en trouve plus mention.

En novembre 1841, le Vicaire Apostolique Mgr de Bési, ayant été nommé en même temps administrateur du Vicariat du *Kiang-nan*, comprenant le *Kiang-sou* et le *Ngan-hoei*, quitte momentanément le *Chan-tong* et se rend à *Nan-king*. Il charge dès lors son unique missionnaire européen, le P. Moccagatta, dont il a fait son Vicaire général, de pourvoir aux besoins spirituels de tous les fidèles du *Chan-tong*. Le Père, en compagnie du prêtre Jacques *Wang*, se met de suite en devoir d'aller visiter les chrétiens de toute la province. Le compte rendu de leurs travaux apostoliques, rédigé à la fin de l'année 1842, porte qu'ils ont, à eux deux, baptisé 47 adultes, reçu 67 catéchumènes, béni 148 mariages, donné 109 extrêmes-onctions et fondé 5 écoles d'instruction religieuse.

A *Che-eul-li-tchoang*, où il avait établi sa résidence, le P. Moccagatta fit construire une église. Le gouverneur de la province l'apprend ; soudain il arrive avec ses satellites dans le village, fait piller la résidence, détruire l'église et oblige les chrétiens à l'apostasie : sur leur refus énergique, il en met vingt-huit aux fers et les emmène enchaînés dans les prisons de *Tsi-nan fou* : l'un d'eux, avancé en âge et père de famille, y meurt martyr de la foi.

Cependant notre missionnaire, qu'on cherchait surtout à arrêter, avait pu échapper aux soldats et sous un déguisement passer la frontière du *Chan-tong* de laquelle le village était proche : il s'était réfugié chez un missionnaire du *Tche-ly*. De là il continue par la suite à s'occuper des chrétiens en cachette, passant et repassant maintes fois la frontière, jusqu'à ce que, la persécution étant apaisée, il pût enfin rentrer à *Che-eul-li-tchoang*. Il y rebâtit l'église et le jour de la Pentecôte 1845 il y recevait la consécration épiscopale des mains de Mgr de Bési, dont deux mois auparavant il avait été nommé coadjuteur.

Afin de seconder Mgr Moccagatta dans ses missions, Mgr de Bési lui envoie comme auxiliaire le P. Adrien Languillat, missionnaire jésuite du *Kiang-nan*, dont il devait plus tard devenir Vicaire Apostolique. Ce Père, arrivé en décembre 1846 dans le *Chan-tong*, y commence en janvier la visite des chrétientés fondées précédemment dans la préfecture de *Lai-tcheou fou*. Pendant ses courses apostoliques sur le territoire de *Ping-tou*, il est arrêté le 14 septembre 1847, chargé de chaînes et enfermé dans une prison infecte, où il eut à endurer les tortures de la faim et toutes les horreurs d'une affreuse captivité. Il en est tiré le 1er novembre suivant, mais pour être reconduit sous escorte au port de *Chang-hai*.

Mgr de Bési, ayant démissionné en 1848, renvoya dans leur province les séminaristes du *Chan-tong* qui jusqu'à cette époque avaient été envoyés à *Chang-hai* pour y faire leurs études au séminaire des Pères Jésuites. Ils revinrent à huit à *Che-eul-li-tchoang*. Mgr Moccagatta, devenu dès lors Vicaire Apostolique du *Chan-tong*, se chargea à lui seul de leur instruction, sans négliger toutefois les travaux apostoliques des missions. En 1849 lui arrivaient d'Italie ses premiers missionnaires franciscains : l'un d'eux, le P. Éloi Cosi, fut bientôt après placé à la tête du séminaire indigène. A raison du petit nombre de ses prêtres, Mgr Moccagatta promut au sacerdoce en 1851 le séminariste Mathieu *Hou*, et l'année suivante François *Siu*, qui furent ainsi les premiers prêtres ordonnés dans le vicariat.

A partir de l'année 1854, la mission du *Chan-tong* eut fort à souffrir des rebelles aux longs cheveux, dits *Tai-ping*. Sur leur passage, ce n'étaient que massacres, incendies et pillages.

Vint ensuite la guerre anglo-française contre la Chine (1858-1860), durant laquelle une prime de 300 taëls d'argent fut promise à tout Chinois qui apporterait la tête d'un Européen. Nos missionnaires franciscains cependant purent se soustraire au danger.

A la suite de cette guerre, un traité de paix fut

conclu le 25 octobre 1860, dans lequel le ministre plénipotentiaire français, M. de Bourboulon, fit insérer une clause stipulant la reconnaissance de la liberté religieuse pour les catholiques chinois et leurs missionnaires, en même temps que la restitution aux missions de leurs anciennes églises, établissements et cimetières.

En vertu de ces dispositions, Mgr Moccagatta réclame et obtient du gouvernement chinois les établissements ayant appartenu précédemment à la mission franciscaine dans la ville de *Tsi-nan fou*, ainsi que le cimetière situé en dehors de la porte occidentale de la cité, où se trouvaient les tombeaux de trois anciens missionnaires jésuites de la province. Comme les bâtiments anciens avaient complètement disparu, pour les remplacer on lui donna, dans l'enceinte même de la ville, un espace assez considérable de terrain, tout couvert de maisons chinoises. Mgr Moccagatta y transféra sa résidence et son séminaire en 1865, y ouvrit deux orphelinats pour garçons et pour filles et y bâtit une église qu'il plaça sous le patronage de l'Immaculée Conception et qu'il bénit solennellement en 1868.

Les rebelles ayant fait de nouveau invasion en 1862 dans le *Chan-tong* s'y saisirent du P. Jean-Marie-Andrea de Molina, pendant ses missions sur le territoire de *Tai-yuan fou*, et le massacrèrent avec grande cruauté, ainsi que plusieurs chrétiens. D'autres missionnaires eurent aussi à souffrir de leurs déprédations, mais échappèrent à la mort.

Dans la partie N.-E. de la province, le port de *Tche-fou* avait été occupé par les armées françaises, lors de leur expédition contre la Chine. La France l'avait en 1863 rétrocédé au gouvernement Chinois, à condition que ce port resterait ouvert au commerce européen. Sur la demande d'un fervent catholique, M. Thomas Fergusson, consul anglais résidant à *Tche-fou*, Mgr Moccagatta y envoya chaque année, à partir de 1862, l'un de ses missionnaires franciscains pour y administrer les sacrements aux commerçants européens qui s'y trouvaient, et en 1868, il en établit un à poste fixe dans le port. La mission y acquit un terrain et y bâtit une résidence et une église.

Après avoir, en 1862, sur l'ordre de la Propagande, fait la visite pastorale du Vicariat du *Chan-si*, Mgr Moccagatta en est nommé Administrateur Apostolique, tout en restant Vicaire Apostolique du *Chan-tong*. Investi de cette double charge, il demande pour coadjuteur le P. Éloi Cosi, franciscain de la province de Florence, supérieur de son séminaire indigène, et lui confère la consécration épiscopale le 5 février 1865.

Le 27 septembre 1870 Mgr Moccagatta est transféré au *Chan-si* dont il devient Vicaire Apostolique. (Voir liv. III, chap. II). Il y est décédé le 6 septembre 1891. Son apostolat, d'abord si entravé dans le *Chan-tong*, y avait été couronné de consolants succès : en le quittant, il y laissait vingt missionnaires, tant franciscains italiens que prêtres chinois sortis de son séminaire, et le nombre des chrétiens, qui à son arrivée était de 5000, se trouvait être de 12000 au moment de son départ.

Parmi ses dévoués auxiliaires, le P. Hannibal, comte Fantoni, mérite une mention spéciale. Arrivé dans le *Chan-tong* en même temps que Mgr Cosi, ce Père se distingua par le zèle qu'il mit à évangéliser les Chantonnais pendant trente-trois ans. Il fut jeté dans les fers et souffrit divers supplices. Il avait été nommé correspondant de la Société impériale de Zoologie de Paris et en avait reçu en 1859 un des premiers prix pour avoir fait connaître et acclimater dans nos pays le ver à soie sauvage de Chine. Il fut plus de 20 ans Vicaire général de Mgr Moccagatta et de son successeur et mourut en 1882 à l'âge de 63 ans.

Mgr Cosi, qui s'était rendu à Rome au Concile du Vatican, fut alors désigné par Pie IX pour succéder à Mgr Moccagatta comme Vicaire Apostolique du *Chan-tong*. Il allait y continuer avec la même activité les œuvres de son vénéré prédécesseur.

En vue de faciliter à ses missionnaires européens l'étude si difficile de la langue chinoise et aux indigènes la lecture des livres de religion, il inventa une méthode d'écriture du chinois, basée sur un alphabet de trente-trois lettres tant latines que de forme spéciale, et au moyen d'une imprimerie reçue en don de l'empereur d'Autriche François-Joseph, il put, avec le concours de ses prêtres indigènes, publier d'après ce système plusieurs ouvrages chinois depuis lors très répandus et très goûtés parmi les chrétiens du *Chan-tong*, entre autres une Histoire Sainte accompagnée de commentaires qui sont de véritables instructions religieuses.

Cependant le nombre des missionnaires ne suffisant plus à la tâche, vu la multiplication toujours croissante des conversions, la S. Congr. de la Propagande, au commencement de 1881, résolut de confier la partie méridionale du *Chan-tong* à la Société allemande des Missions Étrangères, etablie à Steyl (Hollande), avec dessein d'en faire plus tard un nouveau Vicariat. Trois prêtres de cette société vinrent dès lors s'y fixer.

Mgr Cosi avait presque perdu la vue à la suite des fatigues occasionnées par ses travaux de vulgarisation du chinois. Il était allé à Paris chercher le remède à son infirmité et avait dû y subir trois douloureuses opérations. De retour dans le *Chan-tong* aux approches de Noël 1883, il quitte peu après le port de *Tche-fou* et entreprend la visite pastorale des nombreuses chrétientés disséminées dans les environs de la route de 700 kilomètres qui reliait *Tche-fou* à la capitale de la province. Les difficultés du voyage, et les privations qu'il eut alors à subir en cette dure saison devaient lui être fatales. Rentré à sa résidence de *Tsi-nan fou* à la mi-février, il est bientôt frappé d'apoplexie. S'étant rétabli, il retombe plus tard; le 12 janvier 1885 il s'endormait pieusement dans le Seigneur à l'âge de 65 ans. Aimé comme un père et respecté de tous, il emportait avec lui d'unanimes regrets.

Son successeur, nommé le 10 février suivant, fut Mgr Benjamin Gérémia, franciscain de la province de Naples, qu'il avait ramené avec lui en Chine après le Concile du Vatican et que, quelques mois avant sa mort, il avait demandé pour coadjuteur.

CHAPITRE III

VICARIAT DU CHAN-TONG SEPTENTRIONAL

(Pl. II)

Le 22 décembre 1885 paraissait un Décret de la Propagande et le 6 janvier suivant était promulgué un Bref Pontifical, d'après lesquels le Vicariat qui embrassait toute la province du *Chan-tong* fut divisé en deux : l'un appelé *Chan-tong méridional*, avec trois préfectures de premier ordre, *Yen-tcheou fou*, *I-tcheou fou*, *Tsao-tcheou fou*, et une préfecture de deuxième ordre, *Tsi-ning tcheou*, fut, selon les conventions passées en 1881, attribué aux missionnaires allemands de Steyl; l'autre, dénommé *Chan-tong septentrional*, devait se composer du reste des préfectures de la province, savoir sept préfectures de premier ordre :

Tsi-nan fou, la capitale, comprenant		16	sous-préfect.
Tai-an fou	—	7	—
Tong-chan fou	—	10	—
Ou-ting fou	—	10	—
Tsing-tcheou fou	—	11	—
Lai-tcheou fou	—	7	—
Teng-tcheou fou	—	10	—

et une préfecture de deuxième ordre :

Lin-tsing tcheou, comprenant 4 sous-préfectures.

Le Vicariat du *Chan-tong septentrional* resta

confié aux Franciscains, sous la juridiction de Mgr Gérémia.

Ce prélat ne devait rester que peu de temps à la tête d'un Vicariat qu'il administrait avec un zèle tout apostolique. Au retour d'une mission où il était allé visiter un de ses missionnaires gravement malade et le suppléer dans l'exercice du saint ministère, il contracta la fièvre typhoïde dont il mourut à *Tsi-nan fou*, le 29 décembre 1888. Il n'avait que 45 ans.

Le 13 février suivant, Mgr Pierre-Paul de Marchi, franciscain de la province de Venise, précédemment Vicaire général de Mgr Gérémia, est nommé Vicaire Apostolique du *Chan-tong septentrional*. Sous son gouvernement paternel, les missions vont en prospérant de plus en plus.

Aussi en janvier 1894, la S. Congr. de la Propagande juge-t-elle opportun de procéder à une nouvelle division du Vicariat, et d'en détacher les trois préfectures de l'Est, celles de *Teng-tcheou fou*, de *Lai-tcheou fou* et de *Tsing-tcheou fou*, pour en former un nouveau Vicariat qui portera le nom de *Chan-tong oriental*, et dont seront chargés les Franciscains de France.

En 1899 éclatait la révolte dite des Boxeurs. (Voir chap. IV). Le Vicariat du *Chan-tong septentrional* eut particulièrement à en souffrir par suite de l'hostilité du Gouverneur de la province, résidant à *Tsi-nan fou*, le trop célèbre *Yu-hsien*, partisan déclaré des révolutionnaires. Ceux-ci se ruèrent sur quantité de chrétientés du *Chan-tong septentrional* et y mirent tout à feu et à sang.

Le Vicaire Apostolique, Mgr de Marchi, ayant en

vain cherché à intervenir pour ses ouailles auprès des autorités chinoises, dut alors recourir, à *Péking*, à M. Pichon, ministre plénipotentiaire de la France, la protectrice officielle des missions catholiques en Chine. Sur l'injonction de ce dernier, *Yu-hsien* fut destitué. Son successeur comme Gouverneur du *Chan-tong* fut le général *Yuen che-kai*, qui quelques années plus tard devait, à la chute de l'empire, devenir le premier Président de la République Chinoise; il avait reçu de la Cour impériale l'ordre de massacrer tous les européens de la province : il sut l'éluder avec adresse, en obligeant, à raison du danger croissant, le Vicaire Apostolique et tous ses missionnaires européens à se réfugier momentanément dans un port de mer. Ils durent leur salut à cet exode forcé et à l'énergie que le Gouverneur mit à rétablir le calme. Les prêtres indigènes du Vicariat cependant étaient restés dans l'intérieur en certain nombre à s'y occuper des fidèles.

Au retour de la paix après la prise de *Péking*, en août 1900, par les armées européennes, Mgr de Marchi, rentré à *Tsi-nan fou*, put constater l'étendue des ruines causées par les Boxeurs dans son Vicariat : plus de 200 chrétiens avaient été massacrés, 2 à 300 chrétientés détruites, plus de 10 000 fidèles dispersés, sans vêtements, sans abri.

Le 5 juillet 1909, la S. Congr. des Rites donnait un Décret relatif aux enquêtes à faire pour l'introduction de la Cause de béatification ou de déclaration de martyre des victimes des Boxeurs dans le *Chan-tong septentrional*.

Mgr de Marchi survécut peu au désastre de son Vicariat. Après avoir déployé toute l'activité de son zèle et de sa charité à le réparer dans la mesure du possible, il mourut à *Tsi-nan fou*, le 30 août 1901, à l'âge de 62 ans.

Grâce aux indemnités que le gouvernement chinois dut payer pour les ruines causées par les révolutionnaires, les églises qu'ils avaient détruites purent être rebâties, et les chrétiens furent dédommagés des pertes qu'ils avaient subies; le nombre des fidèles s'accrut dès lors merveilleusement : de 16000 qu'ils étaient en 1900, ils arrivaient dix ans plus tard au chiffre de 30000.

Le 23 juillet 1902, Mgr Ephrem Giesen, né à Amsterdam le 16 octobre 1868, franciscain de la province de Hollande, missionnaire du *Chan-si méridional* où il était arrivé en 1894, fut désigné pour succéder à Mgr de Marchi dans le *Chan-tong septentrional*, dont il est actuellement le Vicaire Apostolique.

Par décret du Rme P. Denis Schuler, ministre général de l'Ordre des Frères Mineurs, en date du 16 avril 1904, le Vicariat du *Chan-tong septentrional* a été confié aux Franciscains de la province de Saxe.

ÉTAT ACTUEL DE LA MISSION (1913).

Vicaire Apostolique : Mgr Ephrem Giesen, O. F. M.

Catholiques	33.034
Catéchumènes	22.011
Baptêmes d'adultes	1.710
Églises et Chapelles	379
Missionnaires prêtres européens O. F. M.	28
Frères lais européens O. F. M.	5
Missionnaires prêtres indigènes	23
Sœurs Franciscaines Missionnaires de Marie	15
Élèves au grand séminaire	14

Élèves au petit séminaire	40
Catéchistes	315

Collèges de catéchistes : 2, avec 64 élèves
Catéchuménats : 16, fréquentés par 415 personnes.

Écoles élémentaires	134
Maîtres et maîtresses	191
Élèves	2.612

Ouvroirs : 10, avec 580 ouvrières.
Dispensaires : 2, où furent secourus 18.221 personnes pendant l'année.
Asiles de vieillards : 2, avec 83 pensionnaires.

ŒUVRE DE LA SAINTE-ENFANCE.

Nombre d'enfants baptisés	3.879
— recueillis	425
— en nourrice	257
— confiés à des familles chrétiennes	841

Orphelinats : 6, avec 518 enfants.

Pharmacies	10

CHAPITRE IV

VICARIAT DU CHAN-TONG ORIENTAL

(Pl. III)

Le Vicariat Apostolique du *Chan-tong oriental* fut érigé en 1894. « Comme dans le Vicariat Apostolique du *Chan-tong septentrional* en Chine, dit le décret d'érection, la religion catholique a fait, depuis plusieurs années, de tels progrès qu'on peut avec joie y espérer une extension de jour en jour plus grande du règne du Christ Notre-Seigneur, les Émes et Rmes Pères du Saint Conseil préposé à la propagation du nom chrétien ont jugé opportun de diviser ce Vicariat et d'en ériger un nouveau. C'est pourquoi dans leur séance plénière du 22 janvier de cette année, procédant à cette érection, ils ont statué que du Vicariat du *Chan-tong septentrional* soient détachées les trois préfectures de *Teng-tcheou fou*, de *Lai-tcheou fou* et de *Tsing-tcheou fou*, situées dans la partie orientale de la province et placées sous la juridiction d'un *Tao-tai* (intendant chinois) résidant au port de *Tche-fou*, de l'autorité duquel dépendent 28 villes fortifiées, *Fou*, *Tcheou* et *Hsien*. Ces trois préfectures formeront le nouveau Vicariat sous le nom de *Chan-tong oriental*. De plus, les susdits Émes Pères ont décidé que ce nouveau Vicariat serait confié aux Pères franciscains de la Province Française de Saint-Louis. Cette décision des Émes Pères ayant été soumise par le secrétaire soussigné de cette S. Congrégation à Notre Très Saint Seigneur Pape Léon XIII, dans l'audience du 11 février de cette année, Sa Sainteté a daigné l'approuver et la ratifier, et elle a ordonné qu'à ce sujet fût rédigé le présent Décret.

« Donné à Rome, au Palais de la S. C. de la Propagande, le 16 février 1894.

M. Card. Lédochowski, *Préfet.*
A. Archev. de Larisse, *Secrét.* »

Dans le Consistoire du 21 mai de la même année, Mgr Césaire Schang, franciscain de la province de France, né le 31 juillet 1835 dans le diocèse de Metz, fut nommé Vicaire Apostolique du *Chan-tong oriental*.

Il était arrivé dans le *Chan-tong* en mars 1883 et depuis cette époque les religieux français de l'Ordre de Saint-François y étaient venus en certain nombre partager comme lui avec leurs confrères italiens les travaux du ministère apostolique.

Le Vicariat du *Chan-tong oriental* formant péninsule est borné au Nord, à l'Est et au Sud-Est par la mer Jaune, au Sud-Ouest par le Vicariat du *Chan-tong méridional*, à l'Ouest par le Vicariat du *Chan-tong septentrional*.

Au port de *Tche-fou* se trouvait la principale église du nouveau Vicariat, ainsi que la Procure de la mission du *Chan-tong*. Les sœurs Franciscaines Missionnaires de Marie s'y étaient établies en 1886 et y avaient été plus tard chargées de l'Hôpital général. C'est là que Mgr Schang reçut la consécration épiscopale le 4 octobre 1894 et qu'il fixa sa résidence.

A *Tsing-tcheou fou*, ville de la plus haute antiquité, son existence remontant à plus de dix siècles avant J.-C., l'Église élevée au XVIIe siècle par les PP. Franciscains espagnols avait disparu au cours des persécutions. Ce fut seulement en 1887 qu'après bien des difficultés la mission du *Chan-tong* avait pu y acquérir dans l'enceinte même de la cité un vaste terrain sur lequel s'élevaient quelques maisons chinoises. Mgr Schang y installa dès les premiers temps son séminaire indigène, ainsi qu'une école et deux orphelinats pour garçons et pour filles.

Le nouveau Vicariat français débutait au milieu de circonstances fort peu rassurantes. La guerre que le Japon venait, en cette année 1894, de déclarer à la Chine et dont le théâtre était en partie sur la côte septentrionale du *Chan-tong oriental*, les troubles survenus récemment dans la capitale de l'Empire à la suite des échecs subis par les armées chinoises sur terre et sur mer, la révolution grondant dans plusieurs provinces et même dans le *Chan-tong méridional* : tout cela avait produit chez les Chinois une vive surexcitation contre les étrangers. Dieu ne permit pas néanmoins que les missionnaires français et leurs chrétiens eussent à en subir le funeste contre-coup.

A la Toussaint 1897, deux missionnaires allemands du *Chan-tong méridional* étaient massacrés par les païens chinois. Par représailles et à l'instigation de Mgr Anzer, leur Vicaire Apostolique, qui avait placé son Vicariat sous le protectorat de l'Allemagne, l'empereur Guillaume II faisait occuper, dès le 14 novembre suivant, par ses navires de guerre le port de *Tsing-tao* à l'extrémité de la baie de *Kiao-tcheou*. Il exigeait ensuite et obtenait de la Chine en janvier 1898 le port et la baie, plus une large bande de terre qui en forme le contour, comme zone d'influence allemande, et qui comprend les quatre sous-préfectures de *Kiao-tcheou*, de *Tsi-mé*, de *Kao-mi* et de *Tchou-tcheng*, dans le *Chan-tong oriental*.

A la suite de cette cession de territoire, l'Angleterre réclama à son tour et acquit en avril 1898 le port de *Wei-hai-wei* à la pointe Nord-Est du *Chan-tong oriental*, où elle agréa comme missionnaire un des Pères Franciscains français du Vicariat.

Quelques mois plus tard, sur les instances de Mgr Anzer, les quatre susdites sous-préfectures comprises dans la zone allemande furent détachées du Vicariat du *Chan-tong oriental* pour être réunies à son Vicariat du *Chan-tong méridional*.

En compensation le Saint-Siège, par décret du 14 juillet 1898, rattacha au Vicariat du *Chan-tong oriental* les trois sous-préfectures de *Li-tsing*, de *Chan-hoa* et de *Hai-feng*, longeant le golfe de *Tche-*

ly, qui faisaient partie du Vicariat du *Chan-tong septentrional.*

L'occupation d'une partie du *Chan-tong* par l'Allemagne et les faits regrettables qui s'ensuivirent, soulevèrent une vive indignation chez les Chinois : ils se coalisèrent en 1899 sous le nom de *I-ho-kiuen*, « les poings justiciers réunis » : d'où leur est venu le qualificatif de Boxeurs. N'osant en venir aux mains avec les soldats allemands, les révoltés firent tomber leur colère sur les missionnaires et les chrétiens autant par haine contre l'étranger que par haine contre la religion. Bouddhistes fanatiques, les Boxeurs se prétendaient en communication avec les esprits et se livraient à toutes sortes de pratiques diaboliques : ils proclamèrent bien haut leur dessein d'anéantir le christianisme en Chine. Parmi les chrétiens, ils n'épargnèrent que ceux qui déclaraient renier leur religion, ou qui avaient affiché à la porte de leur maison un acte public d'apostasie.

Après avoir saccagé tout d'abord les chrétientés dépendant du *Chan-tong méridional*, puis celles du *Chan-tong septentrional*, ils se ruèrent dans le Vicariat du *Chan-tong oriental*, sur les missions établies dans les sous-préfectures de *Chan-hoa* et de *Hai-feng*. Les chretiens qui ne purent s'enfuir ou se cacher furent mis à mort. La scène du martyre de l'un d'eux surtout, nommé Joseph *Liou foung-tchoen*, nous reporte aux âges héroïques du christianisme. De son sang répandu en haine du nom chrétien devait ensuite surgir une magnifique floraison de conversions dans sa famille et dans tout le district.

Sur les instances du consul de France résidant à *Tche fou*, en raison des injonctions du gouverneur de la province *Yuen che-kai* et de la gravité de la situation, Mgr Schang crut devoir arracher ses missionnaires au péril de mort et les rappela au port de *Tche-fou*, où ils se rendirent au prix des plus grandes difficultés.

Seul le P. Eugène-Marie Pandellé, franciscain de la province de France et missionnaire au *Chan-tong* depuis 1883, put rester à l'extrémité occidentale du Vicariat dans les anciennes et dévouées chrétientés de *Po-hsing* où la divine Providence le conserva sain et sauf, bien qu'entouré de Boxeurs, pour être le soutien des chrétiens de la région.

D'autre part, le P. Augustin *Han*, prêtre indigène du Tiers-Ordre Franciscain, quittait bientôt *Tche-fou*, où, à la mi-juillet, il avait dû se réfugier, et rentrait dans l'intérieur pour aller porter les secours de la religion aux fidèles des autres parties du Vicariat. Il avait par prudence revêtu le vulgaire costume des petits marchands ambulants, et comme eux il portait suspendus aux extrémités d'un bâton de portefaix deux paquets en tout semblables à ceux des vendeurs de bibelots chinois, où il avait soigneusement dissimulé les objets sacrés nécessaires au saint ministère. Accompagné d'un fidèle serviteur chinois qui partagera ses labeurs et qui le suivra dans la tombe emporté par la même maladie que lui, il visita les nombreuses chrétientés, sous la pluie, au milieu de dangers, de rebuts et de privations de tout genre, administrant les sacrements, exhortant et consolant les chrétiens découragés et chancelants, réconciliant avec Dieu quelques apostats et des pécheurs endurcis. Mais la faiblesse de sa constitution ne devait pas résister aux intempéries de la saison pluvieuse et aux fatigues de ses voyages. Le 26 octobre 1900, il mourait pieusement dans une ancienne chrétienté de *Lin-kiu*, réconforté par les derniers sacrements, que le P. E.-M. Pandellé avait pu venir lui administrer. Il n'avait que 33 ans. Les chrétiens qu'avait grandement édifiés son admirable dévouement lui firent des funérailles magnifiques.

Quelques mois après la prise de *Péking* dont les armées européennes s'étaient emparées en août 1900, la révolte des Boxeurs était complètement réprimée, la paix rendue aux missions catholiques, et les travaux d'apostolat étaient repris dans le *Chan-tong oriental* avec un succès toujours croissant depuis lors.

En 1906, Mgr Schang, avec l'approbation de la S. Congr. de la Propagande, crut devoir rétrocéder au vicariat du *Chan-tong septentrional* les missions des trois sous-préfectures du littoral, *Li-tsing*, *Chan-hoa* et *Hai-feng*, dont l'administration était assez peu facile, par suite de leur éloignement et des difficultés de communication entre ces chrétientés et le reste de son Vicariat, séparées qu'elles en étaient par le fleuve Jaune, très souvent et longtemps infranchissable.

L'année suivante il obtint pour coadjuteur avec future succession Mgr Adéodat Wittner, né le 21 novembre 1868 à Sainte-Marie-aux-Mines, franciscain de la province de France et missionnaire au *Chan-tong oriental* depuis 1895. Élu par Bref Pontifical du 29 avril 1907, Mgr Wittner fut sacré à Rome, où il était allé au nom du Vicaire Apostolique faire la visite *ad limina*.

Mgr Schang mourut à *Tche-fou* le 9 septembre 1911 à l'âge de 76 ans. Il laissait son Vicariat en pleine prospérité. Quand il en prit la charge, il n'avait pour auxiliaires que quatre franciscains français et un frère convers; les chrétiens y étaient alors au nombre de 4400; les catéchumènes, de 1797; les chrétientés, de 116. A son décès, le Vicariat, bien qu'amoindri de quatre sous-préfectures et de leurs chrétientés cédées aux missionnaires allemands, comptait 28 religieux prêtres et 3 frères convers de l'Ordre de Saint-François, 6 prêtres indigènes, 9933 chrétiens baptisés, 7836 catéchumènes et 501 chrétientés.

Outre les œuvres mentionnées plus haut, Mgr Schang avait fondé à *Tche-fou* un pensionnat et une école sous la direction des Frères Maristes et établi à *Wei-hai-wei* et à *Fang-tze* (sous-préfecture de *Wei-hsien*) des dispensaires et des orphelinats tenus par les Sœurs Franciscaines Missionnaires de Marie.

Son successeur tout désigné fut Mgr Adéodat Wittner, le Vicaire Apostolique actuel du *Chan-tong oriental*.

ÉTAT ACTUEL DE LA MISSION (1914).

Vicaire Apostolique : Mgr Adéodat WITTNER, O. F. M.

Catholiques	11.292
Catéchumènes	9.288
Baptêmes d'adultes	539
Baptêmes d'enfants de chrétiens	529
Baptêmes d'enfants païens moribonds	5.547
Églises et chapelles	230
Chrétientés	350
Missionnaires européens	25
Frères lais européens	3
Missionnaires chinois	10

Sœurs Franciscaines Missionnaires de Marie . . .	65
Élèves au grand séminaire.	15
Élèves au petit séminaire	17
Catéchistes hommes	60
Catéchistes femmes	85
Pensionnats : 2, avec 120 élèves.	
Écoles : 155, avec 2.075 élèves.	
Hôpital européen : 1; malades.	17
Hôpitaux chinois : 2; malades.	804
Léproserie : 1; lépreux	5
Dispensaires : 7; consultations	101.648
Imprimerie européenne et chinoise / Ateliers de reliure et de peinture } garçons. . .	25
Ouvroirs : jeunes filles	490
Confirmations	373
Confessions annuelles	6.235
Confessions de dévotion.	64.414
Communions pascales	6.235
Communions de dévotion	140.785
Mariages célébrés	72
Extrêmes-Onctions administrées.	171

LIVRE III

LE CHAN-SI

(Pl. IV et V)

CHAPITRE PREMIER

NOTIONS PRÉLIMINAIRES

Superficie. — 212 000 kilomètres carrés.

Nombre des habitants. — 18 200 000 habitants, soit 57 au kilomètre carré.

Le nom. — CHAN-SI signifie *Ouest des montagnes*. Il s'agit peut-être des crêtes qui limitent à l'E. l'ensemble du plateau du *Chan-si*, par exemple les monts *Tai-chang*.

Limites. — Au N., la *Mongolie*. A l'O., le plateau de l'*Ordos* et le *Chen-si*. Au S., le *Ho-nan*. A l'E., le *Tche-ly*. Le *Hoang-ho* fixe nettement ces limites à l'O. et au S.

La Capitale. — TAI-YUAN FOU (S)[1], au centre de la province et sur la rive gauche du *Fen-ho*.

1. Au point de vue ecclésiastique, la province du *Chan-si* est divisée en deux vicariats apostoliques : le *Chan-si sep-*

Autres Préfectures. — Il y en a huit :

Au Nord de *Tai-yuan fou* : 1° So-ping fou (S); 2° Tai-tong fou (S); 3° Ning-ou fou (S).

Au Sud de *Tai-yuan fou* et le long du *Fen-ho*, en le descendant : 4° Fen-tcheou fou (S); 5° Ping-yang fou (M); 6° Pou-tcheou fou (M).

A l'extrémité Sud-Est, et en allant du N. au S. : 7° Lou-ngan fou (M) et 8° Tsé-tcheou fou.

Il y a de plus 10 *tcheou* indépendants : Ping-ting tcheou (S), Yn tcheou (S), Tai tcheou (S), Pao-té tcheou (S), Ho tcheou (M), Hiai tcheou (M.), Kiai tcheou (M), Sitcheou (M), Tsin tcheou (M) et Liao tcheou (M).

Aspect et caractéristiques. — Un plateau à gradins, sillonné de chaînes vers le N.; de longues croupes monotones de terre jaune, quelques bassins d'alluvions plus riches et plus fertiles; une difficulté fort grande de communications; une population industrieuse, mais au sol trop pauvre, qui doit aller chercher ailleurs une richesse qui lui manque; un sous-sol extrêmement riche en houille et en fer, dont, jusqu'ici, le manque de voies rendait l'exploitation trop peu rémunératrice; une longue rivière, le *Fen-ho*, le coupant au centre et y apportant, plus que dans les autres parties, la richesse et la vie; voilà, à grands traits, ce qu'est le *Chan-si*.

Relief. — Le *Chan-si* est formé d'un massif qui,

tentrional et le *Chan-si méridional*, tous deux confiés aux Frères Mineurs. Pour faciliter les recherches sur les cartes, nous avons fait suivre le nom des villes de la lettre *S* ou *M* selon qu'elles appartiennent au *Chan-si septentrional* ou au *Chan-si méridional*.

du N. au S., s'abaisse par degrés plus ou moins larges et épais. Ce massif ou plateau a de 800 mètres à 1 500 mètres de hauteur moyenne, mais est longé à l'E. et au N.-E. et au N. par des crêtes qui s'élèvent plus haut. Au N. de longues chaînes le traversent du S.-O. au N.-E., continuation des massifs du S. de l'*Ordos*, chaînes qui s'élèvent jusqu'à 3 600 mètres à l'*Ou-tai-chan*.

Les monts *Tai-hang-chang*, qui bordent le plateau au S.-E., ne s'élèvent qu'à 1 000 mètres. Plus à l'O., longeant la rive gauche du *Fen-ho*, le *Ho-chan* s'élève à 2 400 mètres. Au centre, s'étend une série de dépressions allant du N. au S., en s'abaissant et séparées les unes des autres. Ce sont les bassins d'anciens lacs, qui ont disparu en laissant une épaisse couche d'alluvions, couche beaucoup plus fertile que la terre jaune qui les entoure.

Au S., un massif, assez important au point de vue historique pour le signaler, à 1 000 mètres d'altitude, le *Fong-tiao-chang*, qui aurait été séparé par un tremblement de terre du *Hoa-chang* qui lui fait face. Le *Hoang-ho* coule maintenant entre les deux.

Climat. — Il est plus rigoureux que dans l'ensemble de la région du N. Les neiges couvrent le *Chan-si* pendant de longs mois d'hiver et le thermomètre y baisse à —20 degrés centigr. et plus bas. En été, il monte jusqu'à 28 degrés.

Hydrographie. — Au S., deux rivières importantes : le FEN-HO et le TSIN-HO, toutes deux affluents du *Hoang-ho*. Au N., plusieurs affluents du *Pé-ho* le sillonnent. A l'O., nombre de torrents se déversent dans le *Hoang-ho* en creusant de profonds ravins.

Le Fen-ho est la rivière la plus importante du *Chan-si*. Il prend sa source au S. de *Ning-ou fou* (S) et, à partir de *Tai-yuan fou*, arrose la partie la plus fertile de la province. Il n'est navigable qu'à partir de *Kiang tcheou* (M), mais de *Tai-yuan fou* jusque-là, une route le longe, très fréquentée, et traversant nombre de centres importants.

Le Tsin-ho, qui descend du S.-E. du plateau, n'a point la même importance; il arrose pourtant une des régions les plus riches en mines, *Tsé-tcheou fou* (M).

Richesses agricoles. — Elles sont concentrées, en grande partie, dans les bassins de *Tai-yuan fou* (S) et de *Kiang tcheou* (M) : céréales, tabac, coton et même parfois du riz. Le *Chan-si* produit d'excellent raisin, avec lequel on fabrique du vin réputé le meilleur de la Chine.

Richesses minérales. — Elles consistent surtout en houille et en fer. Les trois centres principaux d'exploitation de houille sont : le bassin de *Tai-yuan fou*, celui de *Ping-ting tcheou* (S), et la région de *Tsé-tcheou fou*. Au S. un lac salé, celui de *Lou-tsuen*, à l'est de *Kiai tcheou*, a une grande importance.

Population. — Hospitalière, industrieuse, âpre au gain, elle fournit aussi à la Chine ses meilleurs banquiers et ses plus adroits commerçants. Presque tout le commerce du S. de la Mongolie se fait par des gens du *Chan-si* et on les retrouve jusqu'au *Tibet*.

Au N., la population est fortement mêlée de Mongols.

Langue. — Au N., les Mongols parlent leur langue ; partout ailleurs on parle mandarin.

Villes et centres principaux. — TAI-YUAN FOU, 230 000 habitants. Capitale du *Chan-si*, résidence du Gouverneur. Elle est située à 780 mètres d'altitude, au N. d'une vaste plaine aux villages nombreux et bien peuplés, aux maisons bien bâties. Les vallées qui donnent sur cette plaine ont presque toutes leurs mines, dont plusieurs occupent jusqu'à 200 ouvriers ; des files de chars à bœufs et de brouettes en apportent chaque jour la houille à la capitale. Celle-ci eut jadis une industrie d'armes blanches florissante et possède encore un arsenal. Elle est entourée de beaux jardins et de vergers. Son commerce est actif. — Dans la plaine, en plusieurs endroits, on exploite, outre la houille, le fer et le soufre, et, dans un bourg voisin, on a capté des sources fameuses.

Au N. de *Tai-yuan fou* :

TAI-TONG FOU (S). — Ville située à 1 200 mètres d'altitude dans une longue plaine peu fertile. D'importantes exploitations de houille et de soude existent tout auprès.

Au S. de *Tai-yuan fou* :

FEN-TCHEOU FOU (S). — Ville importante près d'une riche vallée houillère.

Ping-yang fou (M), 19000 habitants. — Une des villes les plus anciennes de la Chine. Il ne lui reste de son antique splendeur qu'une magnifique enceinte. Elle est située dans une vaste plaine d'alluvions admirablement irriguée.

Kiang tcheou (M). — A l'intérieur du coude du *Fen-ho* vers l'O. — Ville pittoresquement située, point terminus de la navigation et le plus important marché du *Chan-si*. Elle est située dans une plaine assez riche et près de mines de houille.

A l'E. de *Tai-yuan fou*, en descendant vers le *Tche-ly* :

Ping-ting tcheou (S), 20000 habitants. — Ville fort industrielle (orfèvrerie, fer) et commerçante. Tout auprès la belle mine de houille de *Che-pou-tsoei*.

Deux autres villes méritent d'être citées, toutes deux dans la plaine de *Tai-yuan fou* : Ping-yao (S), 60000 habitants, important marché d'exportations vers le *Ho-nan*, et Ki-hsien (S), 30000 habitants, ville commerçante.

Au S.-E. :

Tsé-tcheou fou. — Ville située dans une région qui possède à la fois d'excellente houille et d'excellent fer. Comme, de plus, ses communications avec la plaine sont faciles, elle est devenue le centre d'une région industrielle.

Industrie et Commerce. — Pour les deux, le *Chan-si* occupe une place importante. Cela tient à sa population industrieuse, à ses mines fort riches et à la pauvreté de ses terres. Beaucoup de villes et de bourgs se sont fait une partie spéciale dans l'industrie. Nous avons cité plus haut *Ping-ting tcheou* (S) pour l'orfèvrerie; d'autres travaillent le papier, le fer, le soufre..... *Kiang tcheou* (M) possède depuis peu sa fabrique de cotonnades.

Le commerce se fait surtout, à l'exportation, sur la houille, le fer, le sel, et les produits venant de Mongolie : peaux, cordages... L'importation semble l'emporter sur l'exportation et consiste en céréales, soieries, laines, thé, salaison.

Le chemin de fer *Tcheng-ting fou* (*Tche-ly*) à *Tai-yuan fou*, reliant la capitale du *Chan-si* à la grande ligne qui va de *Péking* à *Han-keou* (*Hou-pé*), offre maintenant un débouché facile aux riches mines du *Chan-si*, en même temps qu'il lui a apporté une augmentation de richesses. (L. Richard, S. J., *Géographie de l'Empire Chinois*, Chang-hai.)

CHAPITRE II

HISTOIRE RELIGIEUSE DU CHAN-SI

Le *Chan-si* faisant partie de la Chine septentrionale où la tradition rapporte que la foi en J.-C. fut prêchée par l'Apôtre saint Thomas ou du moins par ses disciples, il est probable que cette province fut évangélisée par eux dès l'origine du christianisme et dans la suite par les prêtres catholiques venus d'Asie.

L'inscription lapidaire de *Si-ngan fou* et le recensement chinois de l'an 845 nous donnent d'autre part la preuve que la religion catholique, particulièrement favorisée par les empereurs chinois établis alors dans la capitale du *Chen-si*, fut très florissante dans l'empire aux VIIe, VIIIe et IXe siècles. La province du *Chan-si*, touchant à celle du *Chen-si*, dut certainement être aussi avantagée que sa voisine et recevoir également les lumières de l'Évangile pendant cette longue période de temps.

Dès les commencements du Xe siècle survinrent de fréquents changements de dynasties impériales, accompagnés de révolutions et sans doute aussi de persécutions, qui obligèrent vraisemblablement les missionnaires du *Chan-si* à fuir en Mongolie.

Au XIIIe siècle une nouvelle dynastie s'implantait en Chine et prenait *Péking* pour capitale. A la suite de l'illustre franciscain Jean de Mont-Corvin, premier archevêque de cette ville, et sur les demandes réitérées des empereurs eux-mêmes, un certain nombre d'évêques et de religieux de l'Ordre de Saint-François venait travailler à l'œuvre de l'évangélisation de la Chine qui fit à cette époque de merveilleux progrès dans l'empire. Ces missionnaires se répandirent dans le *Chan-si*, où ils fondèrent de nombreuses chrétientés. Le Bx Odoric de Pordenone s'y rendit, lui aussi, de *Péking* en 1330.

Après la chute de la dynastie, s'ouvrit de nouveau une ère de persécutions. Les missionnaires virent leur apostolat entravé; leurs chrétiens durent se cacher, mais ils ne disparurent pas complètement : car d'après un témoignage donné en 1603 au P. Mathieu Ricci, il en existait encore à cette date dans le *Chan-si*.

Ses confrères les PP. Jésuites qui, comme lui, s'étaient établis à *Péking*, entreprirent dans les commencements du XVIIe siècle une nouvelle évangélisation du *Chan-si*. Ce fut le P. Alphonse Vagnoni qui y fonda alors la première chrétienté, appelée à devenir très florissante, dans la ville de *Kiang tcheou*.

Il s'y procura une maison occupée autrefois par des princes de la famille impériale et y éleva une église. Cette résidence, confisquée plus tard par le gouvernement chinois, devait être rendue à la mission catholique après le traité de paix de 1860. De là, grâce au zèle des PP. Jésuites, le catholicisme se propagea dans d'autres districts de la province.

En vertu des édits de persécution lancés en janvier 1665 par les régents de l'empire, tous les missionnaires répandus dans l'intérieur de la Chine furent arrêtés, emprisonnés et enfin exilés à *Canton*; en même temps la religion catholique était proscrite dans tout l'empire. Les chrétientés du *Chan-si* perdirent alors beaucoup de leur ancienne splendeur.

Après la tourmente, les PP. Jésuites revinrent y continuer leur ministère, jusqu'à l'érection des deux provinces réunies du *Chen-si* et du *Chan-si* en Vicariat Apostolique. Cette érection eut lieu en 1696. L'union des deux provinces en un seul Vicariat devait durer jusqu'en 1844.

Comme leur histoire religieuse se confond durant tout ce laps de temps, les détails en sont donnés dans la notice spéciale au *Chen-si*, à laquelle il faut se reporter (voir livre IV, chap. II).

Le 3 février 1844, Grégoire XVI sépara le *Chan-si* du *Chen-si* et fit de ces deux provinces deux Vicariats Apostoliques.

L'année suivante, il nommait premier Vicaire Apostolique du *Chan-si* Mgr Gabriel Grioglio de Moretta, franciscain de la province de Turin, né le 7 octobre 1813. Le P. Gabriel était arrivé à *Macao* le 4 octobre 1840 avec le P. Louis Moccagatta destiné à la mission du *Chan-tong*. Il en était parti pour le *Chan-si*, où un païen, à prix d'argent, avait promis de le conduire. Pendant la première nuit de son voyage, son guide le quittait après l'avoir volé. Le Père ne comprenait pas le chinois. Le maître de l'auberge où il était descendu lui réclame en vain ce qui lui est dû, puis le dénonce au tribunal. L'entrée de l'empire étant toujours interdite aux prêtres étrangers, notre missionnaire est immédiatement arrêté et incarcéré, en attendant les ordres de *Péking*. Il profite de sa réclusion forcée pour apprendre le chinois qu'il arrive à parler correctement; il passe ainsi deux années en prison, sans qu'on reçoive de réponse de *Péking* à son sujet. La femme du geôlier ayant eu l'occasion de lui causer est touchée de sa mansuétude et de son urbanité envers elle et amène bientôt son mari à favoriser de nuit son évasion.

Ainsi délivré, mais dépourvu d'argent, et mal vêtu, il reprend son voyage au milieu des plus grands dangers, en mendiant son pain sur sa route jusqu'au *Chan-si*. Aussitôt arrivé, il est reconnu comme européen par une chrétienne à qui il demandait à manger. La Providence l'avait dirigé vers la maison même où se trouvait le Vicaire Apostolique Mgr Alphonse de Donato. Une émotion indescriptible saisit l'évêque, le nouveau missionnaire et toute l'assistance.

Peu après, Mgr de Donato, investi à cet égard de pouvoirs spéciaux du Saint-Siège, prenait le P. Gabriel pour coadjuteur et lui conférait la consécration épiscopale le 2 mars 1844.

Devenu en 1845 Vicaire Apostolique du *Chan-si*, Mgr Grioglio dans l'administration de son Vicariat fit preuve d'une grande force d'âme au milieu des plus sérieuses difficultés. Les dangers qu'il courait ne pouvaient arrêter son zèle à confirmer les chrétiens dans la foi et à travailler à la conversion des pays. Un jour même il fut arrêté et il allait être conduit au supplice, quand Dieu permit qu'il fût inopinément arraché aux mains des ennemis de la religion.

Se voyant forcé de retourner en Italie à cause de sa mauvaise santé, il démissionna en 1862 et se retira dans sa province religieuse, au couvent franciscain de Saluces (Piémont), où, ayant passé près de 30 ans d'une vie des plus édifiantes, il mourut le 9 janvier 1891.

A la suite de la démission de Mgr Grioglio, son confrère Mgr Louis Moccagatta, de Castellazzo, Vicaire Apostolique du *Chan-tong*, fut chargé par la Propagande de faire la visite pastorale du *Chan-si*, à la suite de laquelle il fut nommé, en 1862, Administrateur Apostolique de ce Vicariat. Le 27 septembre 1870, il était transféré du *Chan-tong* au *Chan-si*, dont il devenait Vicaire Apostolique.

Mgr Moccagatta allait gouverner son nouveau Vicariat avec la prudence et le zèle dont il avait toujours été animé. Cependant, brisé par les fatigues et les soucis de toutes sortes qu'il avait eus depuis son entrée en Chine, il sentait ses forces faiblir, aussi demanda-t-il pour auxiliaire un de ses missionnaires, le P. Paul Carnevale, qui lui fut adjoint comme coadjuteur en 1872. Mgr Carnevale étant décédé en 1875 dans le district de *Lou-ngan fou*, un nouveau coadjuteur était donné à Mgr Moccagatta, le 28 janvier 1876, en la personne du P. Grégoire Grassi, originaire, comme lui, de Castellazzo, où il était né le 13 décembre 1833, et missionnaire du *Chan-si* depuis 1860.

Mgr Moccagatta n'en continua pas moins, dès lors, à s'occuper de ses missionnaires et de ses ouailles, et à les aider de ses conseils pleins d'expérience et du secours de ses prières jusqu'à la fin de sa vie.

Par décret du 23 juin 1879, approuvé le 27 avril précédent par Léon XIII, la S. Congr. de la Propagande divisait la Chine en cinq régions et statuait que le plus ancien des Vicaires Apostoliques de chaque région les convoquerait tous à une réunion synodale, dont il aurait la présidence.

Mgr Moccagatta étant le plus ancien évêque de la 2e région, qui comprenait le *Chan-tong*, le *Chan-si*, le *Ho-nan*, le *Chen-si* et le *Kan-sou*, en convoqua les Vicaires Apostoliques dans sa résidence épiscopale de *Tai-yuan fou*, où se tint en 1880 le premier synode régional. Les décisions qui y furent prises sous sa haute direction, soit concernant les missionnaires, soit par rapport aux moyens d'évangélisation, furent telles que la Propagande les jugea dignes des plus grands éloges et les proposa aux autres Vicaires Apostoliques, comme ligne de conduite à suivre lors de la célébration de leurs synodes.

En novembre 1885 avait lieu également à *Tai-yuan fou* la seconde réunion synodale d'évêques que Mgr Moccagatta ne put présider, retenu qu'il était dans sa chambre par ses infirmités, mais à laquelle il apporta néanmoins le précieux concours de ses lumières et de ses conseils.

Le 6 septembre 1891 Mgr Moccagatta s'endormit paisiblement dans le Seigneur à l'âge de 81 ans, dont 51 de ministère apostolique en Chine.

Mgr Grégoire Grassi se trouvait par le fait placé à la tête du Vicariat du *Chan-si*. C'était un homme d'action et de dévouement comme son vénérable prédécesseur. Trois ans après son sacre, une épidémie étant venue ravager la mission, il s'était mis avec un grand courage à secourir les malades, à leur procurer les vivres qui leur manquaient, et à leur administrer les sacrements. L'air pestilentiel qu'il respirait et l'odeur putride qu'exhalaient les cadavres dans les grottes qui servaient de logement aux indigènes, exercèrent leur action sur lui. Après un mois de séjour au milieu de ses malheureux chrétiens, il fut à son tour atteint du typhus. Ayant reçu l'Extrême-Onction qu'il avait de suite demandée, il tomba dans un délire qui dura seize jours. Tout avait été déjà préparé pour ses funérailles quand il revint à lui et recouvra la santé. Pendant la durée du double fléau : épidémie et famine, le Vicariat avait perdu 3 000 chrétiens du typhus et 1 000 étaient morts de faim.

En 1882-1883 il lutte avec courage contre la persécution qui poursuivait les catéchumènes et arrêtait la propagation du catholicisme. Dans les années suivantes, il lui faut venir en aide aux districts éprouvés par la famine et les inondations, soutenir dans le même temps maints procès pour faire exonérer les fidèles des impôts et collectes destinés au culte des idoles. Malgré toutes ces difficultés, il voit avec joie le nombre des chrétiens aller en augmentant, et il fait bâtir cinq nouvelles églises.

Les conversions se multipliant, la Propagande par décret du 17 juin 1890 divise le *Chan-si* en deux Vicariats : celui du *Chan-si septentrional*, et celui du *Chan-si méridional* qui fut confié aux Franciscains Hollandais.

CHAPITRE III

VICARIAT DU CHAN-SI SEPTENTRIONAL

(Pl. IV)

Le *Chan-si septentrional* fut formé de 5 préfectures civiles de premier ordre :

Tai-yuan fou, la capitale,	comprenant	12	sous-préf.
So-ping fou	—	5	—
Tai-tong fou	—	10	—
Ning-ou fou	—	5	—
Fen-tcheou fou	—	9	—

et de 4 préfectures de deuxième ordre :

Ping-ting tcheou,	comprenant	3	sous-préfectures
Sin tcheou	—	3	—
Tai tcheou	—	4	—
Pao-te tcheou	—	2	—

Le *Chan-si septentrional* demeura sous la juridiction de Mgr Moccagatta, qui, par suite de ses infirmités et de sa cécité, avait, depuis plusieurs années, remis la direction du Vicariat à son coadjuteur Mgr Grassi.

Ce dernier, devenu en 1891 Vicaire Apostolique du *Chan-si septentrional*, se mit aussitôt en mesure de réaliser le projet qu'il avait formé précédemment, celui de fonder un couvent régulier destiné à devenir une pépinière de religieux franciscains indigènes. Il l'ouvrit en décembre 1893 dans le village chrétien de *Toung-eul-keou*, non loin de *Tai-yuan fou*, et il y nomma comme premier maître des novices le P. Hugolin Villeret, de Doullens, qui depuis huit ans exerçait avec ardeur le ministère apostolique dans le *Chan-si*.

Mgr Grassi établit à la même époque une maison de retraite pour les missionnaires. Ceux-ci, comme ses séminaristes et ses ouailles, étaient l'objet de toutes ses sollicitudes, et il se dépensa pour eux sans compter, les édifiant tous par sa vertu et son zèle pour le salut des âmes.

En 1898, était désigné comme coadjuteur de Mgr Grassi avec future succession le P. François Fogolla, franciscain de la province de Parme, né à Montereggio le 4 octobre 1889. Il s'était embarqué en décembre 1866 pour la Chine, où ses patentes de missionnaire l'envoyaient sans désignation de Vicariat. Sur le conseil du Procureur des Lazaristes à *Tien-tsin*, il se rendit dans le *Chan-tong* près de Mgr Moccagatta. Il accompagna bientôt après le prélat qui allait visiter le *Chan-si*. Il y fut d'abord chargé des missions du Nord de cette province, non loin de la Grande Muraille de Chine. Il devenait en 1872 supérieur des deux missions du centre, et, en 1877, de toutes celles du Sud du *Chan-si*.

Ses néophytes à cette époque vivaient dans l'épreuve et la crainte, molestés qu'ils étaient par les païens. Le P. François avec une sainte audace recourut maintes fois aux autorités chinoises pour faire cesser cet état de choses. Quatre fois il alla jusqu'à *Péking* pour obtenir gain de cause. Il finissait toujours par vaincre le mauvais vouloir des mandarins et faire triompher les droits de la justice : aussi inspira-t-il par sa ténacité aux ennemis du nom chrétien une crainte salutaire qui lui permit de propager plus efficacement encore notre sainte Religion.

En 1877-1878 survint une famine si affreuse que la moitié de la population du *Chan-si* périt de misère. Le P. François fit alors des efforts surhumains pour trouver des ressources et nourrir les malheureux. Il envoya des catéchistes chercher des vivres dans les provinces voisines et parvint à sauver des milliers d'affamés.

Il était appelé en 1885 à *Tai-yuan fou* comme supérieur du grand séminaire et nommé deux ans plus tard Vicaire général de Mgr Grassi.

Parti en Europe afin de faire au nom de son évêque la Visite *ad limina* et de recueillir les ressources nécessaires à sa mission, il se trouvait à Paris en juillet 1898 à la Procure des missions franciscaines, quand il y apprit sa nomination comme coadjuteur de Mgr Grassi. Aussi fut-ce à Paris même dans l'église des franciscains de la province de Saint-Denis que, le 24 août 1898, il reçut la consécration épiscopale des mains de Mgr Clari, nonce apostolique en France.

En mai 1899, il rentrait dans le *Chan-si*, accompagné de six nouveaux missionnaires franciscains d'Italie, du frère André Bauer, religieux convers de la province franciscaine de France, et de sept religieuses Franciscaines Missionnaires de Marie appelées à diriger l'orphelinat de *Tai-yuan fou*.

Le Vicariat du *Chan-si septentrional*, en plus des deux évêques, comptait dès lors seize religieux de l'Ordre de Saint-François, un prêtre et un sous-diacre italiens du clergé séculier, vingt prêtres indigènes et renfermait de nombreuses et florissantes chrétientés. Il allait bientôt subir le terrible contre-coup de la révolte des Boxeurs.

Le protecteur avéré de ces révolutionnaires, ennemi acharné des Européens et de la religion chrétienne, le trop fameux *Yu-hsien*, ancien gouverneur du *Chan-tong*, dont l'ambassadeur de France à *Péking* avait exigé de l'empereur la destitution, était néanmoins quelques mois plus tard rétabli par la Cour impériale dans son ancienne dignité et nommé Vice-Roi du *Chan-si*. Il prit possession de ses nouvelles fonctions à *Tai-yuan fou* le 23 avril 1900.

L'année précédente (15 mars 1899) un décret impérial avait été publié qui, réglant les rapports des évêques et missionnaires européens avec les autorités chinoises, déclarait qu'en rang et en dignité les premiers étaient les égaux des Vice-Rois et Gouverneurs de provinces, les seconds, les égaux des autres mandarins, et qui prescrivait auxdites autorités chinoises de recevoir leurs visites et de leur rendre les politesses d'usage.

Fort de ces dispositions, Mgr Fogolla se mit en devoir d'aller saluer le nouveau Vice-Roi *Yu-hsien*: celui-ci le reçut fort mal et ne lui rendit pas sa visite. Il se déclara bientôt ouvertement hostile au christianisme.

Après avoir invité sans succès les païens à se présenter à son tribunal pour y dénoncer les chrétiens, il fit venir du *Chan-tong* des chefs de Boxeurs qui répondirent aussitôt à son appel. Contre les chrétiens des proclamations furent lancées par lui, et des placards calomnieux répandus à profusion.

Les Boxeurs devenant de plus en plus menaçants, Mgr Fogolla allait de nouveau le 27 juin demander protection au Vice-Roi, qui ne voulut pas le recevoir, et qui, sur son insistance à solliciter audience, lui fit répondre : « Vous n'avez rien à craindre, parce que vous serez protégés. » Le soir même, à *Tai-yuan fou*, la résidence des protestants était livrée aux flammes au milieu des cris de joie des révolutionnaires et des menaces à l'adresse des catholiques.

Le lendemain matin, Mgr Grassi résolut de faire sortir de la ville le P. Élie Facchini et les orphelines pour les mettre en sûreté. Le P. Élie étant parti le premier dans la matinée fut arrêté aux portes de la cité, l'ordre ayant été donné par le Vice-Roi de n'en laisser sortir ni européens, ni chrétiens. A cette nouvelle les orphelines, prêtes déjà à partir avec leurs directrices, durent rester à l'orphelinat. Le Père fut mené au sous-préfet, qui le renvoya au préfet, celui-ci au grand juge provincial, ce dernier de nouveau au sous-préfet qui à dix heures du soir le fit reconduire à la résidence avec cinq séminaristes arrêtés après lui.

Ce soir-là le préfet et le sous-préfet étaient venus visiter la résidence dans l'intention visible d'examiner si les habitants n'avaient pas d'armes pour se défendre, et ils faisaient savoir aux deux évêques que le Vice-Roi exigeait que les orphelines fussent emmenées dans certaine pagode, afin de pouvoir y être mises à l'abri des Boxeurs, ajoutant que sous peu, la paix étant rétablie, elles seraient rendues à la mission. Mgr Grassi, profondément peiné de cette mesure, dut s'y soumettre. Les enfants refusaient de partir, elles ne purent s'y résoudre que sur les paternelles recommandations de leur aumônier, le P. Théodoric Balat. Plus de 200 d'entre elles, ainsi que les vierges chinoises, leurs directrices, furent emportées sur vingt chars du tribunal au milieu de la nuit. Cependant vingt soldats furent laissés à la garde de la résidence pour en empêcher la sortie des européens.

Le 30 juin, le Vice-Roi lance divers édits contre la religion, obligeant les chrétiens à venir à son tribunal pour y renoncer au christianisme et recevoir une attestation officielle de leur apostasie.

Dès le 2 juillet, la persécution sévissait dans plusieurs chrétientés dont les églises furent détruites, et les fidèles obligés d'aller chercher refuge dans les cavernes. Le 4 juillet, la chrétienté de la ville de *Yu-tse* était ravagée : les chrétiennes y furent violées et ensuite cruellement massacrées ; 72 chrétiens y périrent également sous les coups des persécuteurs.

Le Vice-Roi, se voyant frustré dans son espoir d'amener les chrétiens à faire à son tribunal acte d'apostasie et ayant ensuite tenté en vain d'obtenir du Vicaire Apostolique qu'il les autorisât à apostasier, donna ordre, sous prétexte de mieux les protéger, que les évêques, missionnaires et religieuses fussent conduits dans une maison servant d'ordinaire à loger les mandarins de passage. C'est ainsi que dans la nuit du 5 au 6 juillet y furent transportés Mgr Grassi, Mgr Fogolla, les PP. Élie Facchini et

Théodoric Balat, le Fr. André Bauer, les cinq séminaristes mentionnés plus haut, les sept sœurs Franciscaines Missionnaires de Marie et neuf serviteurs chinois de la résidence. La maison où on les enferma se composait de plusieurs corps de bâtiments séparés et disposés autour de cours intérieures. Dans une partie de ces bâtiments furent réunis les catholiques, et dans une autre étaient amenés bientôt une quarantaine de protestants, hommes, femmes et enfants.

Le 9 juillet, une lettre de Mgr Grassi à un Père chinois du couvent de *Toung-eul-keou* ayant été saisie sur un chrétien qui la portait, le P. Élie est mené dans l'après-midi au tribunal du sous-préfet, afin d'en donner la traduction.

Peu après, vers les 4 heures, le Vice-Roi *Yu-hsien* lui-même avec une bande de soldats armés de sabres et de boucliers se rendait à la maison mandarinale où étaient détenus les européens. Du préau des protestants où il pénétra d'abord éclatèrent des détonations et des lamentations. Entendant le tumulte, Mgr Grassi fait mettre à genoux ses compagnons de captivité et leur donne une dernière absolution. C'est agenouillés de la sorte qu'ils attendent les bourreaux dans la cour. Bientôt *Yu-hsien* et ses soldats poussant de grandes clameurs y font violemment irruption ; comme s'ils craignaient d'y trouver la résistance qu'ils avaient rencontrée chez les protestants, ils se jettent avec furie sur les catholiques, les frappant si brutalement que les deux évêques et le Fr. André en furent tout ensanglantés. Leur ayant ensuite lié les mains derrière le dos, ils les emmènent dans la cour intérieure du tribunal du Vice-Roi, au milieu d'une foule de Boxeurs proférant des cris de mort.

Là, *Yu-hsien* s'étant assis solennellement sur son siège de grand juge, après les avoir fait mettre à genoux, s'adresse à Mgr Fogolla, qu'il avait déjà vu, et lui fait l'odieux reproche de n'avoir cherché, lui et les siens, qu'à nuire à son peuple. Le prélat lui ayant répondu avec fermeté qu'ils n'avaient nui à personne, et qu'au contraire ils n'avaient fait que du bien à tous, le Vice-Roi bondissant de colère le frappe par deux fois de son poignard en pleine poitrine, et ordonne le massacre de tous les autres. Aussitôt les soldats et les Boxeurs se précipitent pêle-mêle sur leurs victimes, coupant les têtes, déchiquetant les corps à coups de sabre au milieu d'un tumulte indescriptible. Un païen attiré par le bruit ayant voulu curieusement se rendre compte de ce qui se passait fut tellement effrayé à la vue d'un pareil carnage, qu'il prit la fuite, mais poursuivi par les Boxeurs qui pensaient avoir affaire à un chrétien, il fut, lui aussi, impitoyablement massacré.

Le P. Élie, qui était resté enfermé dans la prison de la préfecture, est amené à son tour dans la cour du Tribunal du Vice-Roi. Après un interrogatoire sommaire de *Yu-hsien* il est jeté à terre près des cadavres de ses confrères : les soldats s'acharnent sur lui à coups de sabre et finalement lui tranchent la tête.

Ainsi furent horriblement immolés, le 9 juillet 1900, Mgr Grégoire Grassi, Mgr François Fogolla, les PP. Élie Facchini et Théodoric Balat, le frère André Bauer, cinq séminaristes, sept religieuses Franciscaines Missionnaires de Marie et neuf serviteurs de la résidence épiscopale.

Leurs corps ayant été entièrement dépouillés de leurs vêtements furent l'objet des plus indignes outrages, puis le soir on les jeta en dehors de la porte méridionale de *Tai-yuan fou*, et on les y laissa sans sépulture jusqu'au troisième jour, où on les enterra pêle-mêle dans le cimetière réservé aux criminels et aux mendiants. Mais leurs têtes furent emportées et restèrent un certain temps exposées aux portes de la ville.

Le P. Élie Facchini, franciscain de la province de Bologne, était né le 3 juillet 1839. Il était un des plus anciens missionnaires du *Chan-si* où il s'était rendu en 1867. Il se fit remarquer par sa vertu, sa grande simplicité, sa haute intelligence, qu'il fit servir au bien du Vicariat. Pendant les trente-deux années qu'il passa dans la mission, il fut chargé d'enseigner la théologie au séminaire indigène.

Le P. Théodoric Balat, franciscain de la province de S.-Louis en France, était né le 23 octobre 1858 dans le diocèse d'Albi. Arrivé au *Chan-si* en décembre 1885, il s'était adonné avec ardeur, malgré sa mauvaise santé, au ministère apostolique des missions. Après dix années consacrées à la prédication, on lui confiait successivement les charges de Directeur du Petit Séminaire, de Maître des Novices au couvent franciscain du Vicariat, de Procureur de la mission, de Directeur des religieuses Franciscaines et d'Aumônier de leur orphelinat. Il avait laissé partout la réputation d'un saint religieux et d'un missionnaire plein de zèle.

Le frère André Bauer, convers franciscain de la province de France, était né le 26 novembre 1866 à Guebwiller (Alsace). Entré au couvent à 19 ans, il avait dû en sortir pour accomplir son service militaire et ensuite pour aider ses parents par son travail; il y était rentré plus tard. Désireux de se dévouer à la conversion des infidèles, il avait rencontré de vives oppositions à son départ : mais Dieu en qui il avait mis toute sa confiance, l'en avait fait triompher et il avait pu accompagner Mgr Fogolla au *Chan-si* en 1899. Par son dévouement, son empressement à rendre service, il s'était fait aimer de tous. Saintement désireux de verser son sang pour J.-C., c'est avec grande joie qu'il vit arriver l'heure où ses vœux allaient être réalisés.

Les sept religieuses Franciscaines Missionnaires de Marie étaient celles que nous avons vues s'établir à *Tai-yuan fou* en 1899 :

Mère Marie-Hermine de Jésus (dans le monde Irma Grivot), Supérieure, née à Beaune, diocèse de Dijon, le 28 avril 1866.

Mère Marie de la Paix (Marianna Giuliani), Assistante, née le 3 décembre 1875 à Bolsena, diocèse d'Orvieto, en Italie.

Mère Maria-Clara (Clelia Nanetti), Italienne de la province de Parme, née le 9 janvier 1872.

Sœur Marie de Saint-Just (Anne-Moreau), née à Nantes le 9 avril 1866.

Sœur Marie de Sainte-Nathalie (Jeanne-Marie Kerguin), Bretonne du diocèse de Saint-Brieuc, née le 5 mai 1864.

Sœur Marie-Amandine (Pauline Jeuris), née le 28 décembre 1872 à Hasselt, diocèse de Liège, en Belgique.

Sœur Marie-Adolphine (Anne Dierkx), née en 1869 à Assendrecht (Belgique).

L'affreux massacre accompli, les Boxeurs étaient allés ravager et incendier la cathédrale, la résidence et l'orphelinat de *Tai-yuan fou.*

Trois jours après, le Vice-Roi, pour forcer à l'apostasie les Vierges Chinoises chargées de l'orphelinat avec les religieuses Franciscaines et toujours retenues dans la pagode où elles avaient été internées, les fait soumettre par un de ses mandarins à de longues et terribles tortures.

Informé de leur constance à confesser la foi, il ordonne d'amener à son tribunal deux des plus âgées d'entre elles, Anna *Tchen*, 77 ans et Françoise *Li*, 44 ans ; sur leur refus d'apostasier, il les livre aux bourreaux qui, après leur avoir coupé les mains et les pieds, leur tranchèrent la tête.

L'inhumain Vice-Roi voulait faire massacrer toutes les autres vierges; mais quelques mandarins les arrachèrent à la mort, en lui faisant croire qu'elles avaient apostasié, et ils les rendirent à leurs parents. Quant aux orphelines; elles furent confiées à des païens qui les réclamèrent.

Le même jour et les jours suivants, tous les chrétiens de la ville de *Tai-yuan fou* furent tués par les Boxeurs.

Dans la ville de *Cheou-yang*, à l'est de *Tai-yuan fou*, une jeune fille chrétienne d'une quinzaine d'années se signala particulièrement par son héroïsme. Les Boxeurs l'ayant traînée au tribunal du sous-préfet, celui-ci cède sa place de juge au plus exalté d'entre eux, à un enfant, et s'approche de la jeune fille pour tâcher, à force d'astuce, de l'amener à renier son Dieu. « Mon Dieu, je l'aime, répond-elle, et jamais je n'abandonnerai son culte. » A ces mots, le jeune juge d'occasion la menace de la couper en deux sous une sorte de hache-paille, dont le support en bois était hérissé de dents de fer. Après avoir regardé un instant d'un air calme et souriant l'horrible machine : « Coupez-moi en deux, en mille morceaux, si vous voulez, reprend-elle; vous me faciliterez ainsi l'entrée du ciel. J'adore Dieu et je me refuse à quitter sa religion. » Furieux de cette réponse, les Boxeurs la dépouillent de ses vêtements; jetée sous l'instrument du supplice, elle y est coupée en deux. Après quoi, ces barbares lui arrachent le cœur, pendant que son âme s'envole au ciel pour y recevoir la récompense de son héroïque martyre. (*Acta Ordinis Minorum*, ann. 1911, p. 105.)

La persécution était maintenant générale et s'étendait à toute la province. De toutes parts on traquait et on tuait les chrétiens; leurs maisons étaient livrées au pillage ainsi que les églises et les résidences de la mission. Sept prêtres chinois du *Chan-si septentrional* : Pierre *Sse*, Paul *Koung*, André *Wan*, Joseph *Tchan*, Pierre *Tchao*, Paul *Sen* et Jacques *Yang* périrent dans les supplices.

A la suite du Décret donné le 5 juillet 1909 par la S. Congr. des Rites au sujet des enquêtes à faire pour l'introduction de la Cause de Béatification ou de déclaration de Martyre des victimes des Boxeurs dans le *Chan-si*, le P. Barnabé Nanetti de Cologna (diocèse de Ferrare) fut nommé Vice-Postulateur de la Cause. L'enquête officielle qu'il fut chargé de faire sur place et à laquelle nous avons emprunté les détails donnés plus haut, lui fit recueillir les noms de plus de quinze cents chrétiens des deux sexes, de tout âge et de toute condition. On peut

7

affirmer avec certitude, d'après les témoignages de 350 personnes interrogées juridiquement, qu'ils subirent le martyre en haine de la foi dans le Vicariat du *Chan-si septentrional*. D'autres encore, au nombre de trois cents et plus, y furent également massacrés par les Boxeurs; mais il fut impossible d'avoir sur les circonstances de leur mort des renseignements suffisants.

La persécution avait sévi durant trois mois. En octobre, la paix était rendue à l'Église du *Chan-si*. Le P. Barnabé Nanetti, frère d'une des religieuses massacrées à *Tai-yuan fou*, était alors Provicaire du Vicariat : il avait été investi de cette charge par Mgr Grassi dès le 6 juillet, premier jour de sa détention dans l'hôtel mandarinal.

Né le 8 décembre 1867, le P. Barnabé était arrivé en mars 1893 dans le *Chan-si septentrional*. D'abord Lecteur de philosophie dans le Séminaire indigène, il avait été ensuite envoyé en mission : dans les loisirs que lui laissaient ses travaux apostoliques, il s'était livré à des recherches sur les origines des diverses chrétientés confiées à ses soins, recueillant auprès des anciens tous les témoignages qu'ils pouvaient lui fournir à cet égard. Il venait d'être nommé gardien du couvent franciscain de *Toung-eul-keou*, quand éclata la persécution : il put s'y soustraire en se réfugiant en Mongolie. Au retour de la paix, il rentra dans le *Chan-si septentrional*.

Son premier soin fut alors de recueillir les restes des martyrs qui avaient échappé à la voracité des chiens et de leur procurer une sépulture honorable. Il s'entendit ensuite avec le nouveau Vice-Roi pour faire rendre à la mission les 200 orphelines enlevées par son barbare prédécesseur et pour faire allouer aux chrétiens pillés par les Boxeurs des indemnités qui leur permirent de retrouver l'aisance et de relever leurs églises.

L'empereur de Chine fut d'autre part obligé de faire acte de réparation solennelle envers les victimes de *Yu-hsien*. Un monument expiatoire fut élevé à *Tai-yuan fou*, sur leur tombe et en avant du tribunal où elles avaient été immolées. Le Vice-Roi fut chargé par la Cour de le faire exécuter : il en rédigea lui-même l'inscription. « Les missionnaires, y déclare-t-il, ont souffert persécution pour être restés fidèles à la loi du Souverain Maître; ils ont été tués pour avoir affirmé la vérité de leur religion; tout en glorifiant leur fermeté dans la croyance en leur propre doctrine, je suis touché de compassion à leur égard pour la persécution qu'ils ont subie. »

La cérémonie de réparation fut célébrée avec grande pompe le 9 juillet 1901, premier anniversaire de leur mort : tous les mandarins de la ville y assistèrent. Devant le tribunal du Vice-Roi, théâtre du massacre, une messe solennelle fut chantée en plein air avec le concours d'une quinzaine de prêtres et des séminaristes, en présence d'environ 2000 chrétiens et d'une foule énorme de païens; les soldats formaient la haie pour maintenir l'ordre.

Après avoir tout réglé avec le Vice-Roi pour le bien du Vicariat et en vue de la répression complète des Boxeurs, le P. Barnabé Nanetti dut retourner en Italie. Il en revint pour gagner en mars 1903 le *Chen-si septentrional*, où il séjourna plus de trois ans. Obligé par l'état de sa santé d'en partir, il recueillit en passant par le *Chan-si* les documents authentiques relatifs aux massacres qui y avaient été commis, et reprit de nouveau le chemin de son pays. Revenu dans le *Chan-si* en 1909, en qualité de Vice-Postulateur, il alla faire sur les lieux mêmes l'enquête officielle au sujet des victimes des Boxeurs, tant dans cette province que dans celle du *Hou-nan*. Il se préparait à la poursuivre dans le *Hou-pé* : mais déjà malade et épuisé par les fatigues des nombreux voyages qu'il lui avait fallu entreprendre, il se vit forcé de s'arrêter à *I-tchang fou* (*Hou-pé méridional*), où il décéda pieusement le 1er mai 1911.

Par Bref Pontifical du 21 mars 1902, un nouveau Vicaire Apostolique avait été donné au *Chan-si septentrional* en la personne de Mgr Agapit Fiorentini, franciscain de la province Romaine, né le 27 septembre 1866 et parti pour les missions de Chine en 1895. Le Vicariat avait retrouvé la paix; les autorités chinoises se montraient animées des meilleures dispositions envers les catholiques; elles en donnèrent publiquement la preuve lors de la célébration du 3e anniversaire de la mort de Mgr Grassi et de ses confrères. Tous les mandarins de *Tai-yuan fou*, au nombre de seize, vinrent assister à la cérémonie, à laquelle le Vice-Roi empêché se fit représenter, et déposèrent chacun une couronne de fleurs sur le catafalque : ce qui fit la plus heureuse impression sur les païens. Aussi, Mgr Fiorentini eut-il la douce consolation de voir sa mission, si cruellement éprouvée, se relever glorieusement de ses ruines et redevenir de plus en plus florissante par suite du grand nombre des conversions.

Il fit rebâtir à *Tai-yuan fou*, dans de plus amples proportions, la cathédrale, la résidence épiscopale, le séminaire, l'orphelinat des filles confié de nouveau aux sœurs Franciscaines Missionnaires de Marie qui étaient venues remplacer leurs sœurs martyres. Il ouvrit également divers autres établissements pour les nouvelles œuvres du Vicariat.

En 1909 il se démit de sa charge. Le 15 février 1910 Pie X lui donna pour successeur Mgr Eugène Massi, franciscain de la province de la Marche, né le 15 août 1875, missionnaire depuis 1902 au *Chan-si septentrional*, dont il est présentement le Vicaire Apostolique.

ÉTAT ACTUEL DE LA MISSION (1914).

Vicaire Apostolique : Mgr Eugène Massi, O. F. M.

Catholiques	26.765
Catéchumènes	21.680
Baptêmes d'adultes	1.225
Baptêmes d'enfants de parents chrétiens	991
Églises et chapelles	390
Missionnaires européens	23
Prêtres chinois	15
Frères lais européens	4
Sœurs Franciscaines Missionnaires de Marie	20
Élèves au grand séminaire	29
Élèves au petit séminaire	30
Élèves au collège préparatoire au séminaire	18
Écoles de garçons : 170, avec 2.662 élèves.	
Écoles de filles : 100, avec 1.605 élèves.	
Vieillards à l'hôpital	598
Malades soignés à l'hôpital et dans les dispensaires.	29.092
Confirmations	387
Confessions annuelles	17.923
Confessions de dévotion	56.882
Communions pascales	16.881
Communions de dévotion	99.881
Mariages célébrés	296
Extrêmes-Onctions administrées	566

OEUVRE DE LA SAINTE-ENFANCE.

Enfants :	baptisés	1 544
—	recueillis	1.459
—	confiés à des nourrices	3.223
—	dans les orphelinats	734

Ateliers : 3, avec 122 enfants.
Fermes : 2, où travaillent 33 enfants.

CHAPITRE IV

VICARIAT DU CHAN-SI MÉRIDIONAL

(Pl. V)

Le Vicariat du *Chan-si méridional*, érigé le 17 juin 1890 par Décret de la Propagande, se compose de 4 préfectures de premier ordre :

Lou-ngan fou,	comprenant	8	sous-préfectures
Ping-yang fou	—	12	—
Tsé-tcheou fou	—	6	—
Pou-tcheou fou	—	7	—

et de 6 préfectures de deuxième ordre :

Ho tcheou,	comprenant	3	sous-préfectures
Kiai tcheou	—	5	—
Kiang tcheou	—	6	—
Si tcheou	—	4	—
Tsin tcheou	—	3	—
Liao tcheou	—	3	—

Les voies de communication étant d'accès assez difficile entre le Nord de la province du *Chan-si* et sa partie méridionale, il avait été réglé en 1888 à la Curie du R^me^ P. Général de l'Ordre des Frères

Mineurs et à la S. Congr. de la Propagande que cette partie méridionale serait confiée à la province franciscaine de Hollande pour être érigée dans la suite en Vicariat. En juin de cette même année, aux deux franciscains hollandais qui faisaient déjà mission dans le *Chan-si*, l'un depuis 12 ans, l'autre depuis 9 ans, étaient venus en conséquence s'adjoindre cinq autres de leurs confrères et compatriotes.

Parmi ces derniers, le P. Martin Poell était, le 8 juillet 1889, nommé Provicaire de la nouvelle circonscription par son Vicaire Apostolique Mgr Grassi. Né le 20 mars 1845 dans le Limbourg hollandais, il était arrivé en 1873 dans le Vicariat du *Hou-pé oriental*, où il s'était adonné avec ardeur à la conversion des infidèles. Il y avait donné en maintes occasions des preuves de sa grande prudence et de son habileté à traiter les affaires de la mission : ce qui lui avait valu d'être transféré au *Chan-si* et d'y être investi de la charge de Provicaire.

Le 20 juin 1890, il était désigné comme premier Vicaire Apostolique du nouveau Vicariat du *Chan-si méridional*. Dans son zèle infatigable pour le salut des âmes, il s'était dépensé sans compter : ses forces le trahirent. Quelques mois plus tard, épuisé par les travaux apostoliques, il rendait son âme à Dieu le 2 janvier 1891.

Le 17 mai de la même année, le Saint-Siège nomma Vicaire Apostolique Mgr Jean Hofman, né à Woerden le 12 juin 1834, qui depuis vingt ans exerçait le saint ministère dans le Vicariat du *Hou-pé oriental*. Il y avait alors dans le *Chan-si méridional* sept missionnaires franciscains hollandais, quatre prêtres chinois, sept mille chrétiens et un millier de catéchumènes.

Mgr Hofman se mit aussitôt à l'œuvre pour établir sur de solides fondements les œuvres de sa mission. Il divisa son Vicariat en divers districts, y ouvrit un séminaire indigène et donna à ses missionnaires d'excellentes règles à suivre pour l'évangélisation du pays : aussi le nombre des chrétiens s'accrut-il considérablement.

Après avoir bâti quelques églises et un certain nombre d'oratoires, il établit enfin dans la ville de *Lou-ngan fou* la principale résidence du Vicariat et y fit élever sa cathédrale. La construction de cette dernière touchait à sa fin, quand en juillet 1900 éclata la terrible persécution des Boxeurs. Elle sévit avec non moins de rigueur dans le Vicariat du *Chan-si méridional* que dans celui du *Chan-si septentrional* à l'instigation du féroce *Yu-hsien*, gouverneur de toute la province, et de ses subalternes, les mandarins locaux.

Dès le 7 juillet la résidence et la cathédrale de *Lou-ngan fou* furent mises au pillage et détruites de fond en comble, ainsi que le séminaire et son église. Le même sort fut réservé ensuite aux autres églises et résidences du Vicariat.

Mgr Hofman se vit obligé de fuir et de se cacher dans les montagnes, d'où il put ensuite se réfugier chez Mgr Scarella, Vicaire Apostolique du *Ho-nan septentrional*. Ses missionnaires durent se disperser de tous côtés. Quant aux chrétiens, ils étaient traqués comme des bêtes fauves, errant à l'aventure, sans toit, sans consolations, sans encouragements, condamnés à mourir de faim, d'épuisement et de misère. Seize cents d'entre eux, hommes, femmes, enfants de tout âge, furent cruellement massacrés par les ennemis du nom chrétien. Ils ont été l'objet, comme les autres victimes des Boxeurs, de l'enquête officielle entreprise en vue de leur future béatification.

Une grande partie des chrétientés du *Chan-si méridional* avait été ravagée et ruinée par les persécuteurs.

La paix une fois rétablie, Mgr Hofman rentra dans son Vicariat. Mais quelque temps après, à raison de son âge et de sa mauvaise santé, se jugeant à tort impuissant à faire face aux besoins de sa mission si éprouvée, il estima plus opportun d'en confier la charge à un supérieur moins âgé et démissionna pour rentrer dans son pays. Néanmoins avant son retour en Europe, il fit, sur la demande du Rme P. Général des Frères Mineurs, la visite régulière de quelques Vicariats Apostoliques franciscains de Chine.

Par Bref Pontifical du 31 juillet 1901, Léon XIII lui donna pour successeur son Vicaire général, Mgr Odoric Timmer, né à Harlem le 17 décembre 1859, d'abord missionnaire dans le Vicariat du *Hou-pé méridional* où il était arrivé en 1883 et transféré de là au *Chan-si* en 1888.

Il déploya toute son activité à réparer les ruines accumulées par les Boxeurs, et aidé du concours de ses zélés missionnaires il rétablit son Vicariat dans son ancienne splendeur. Dix ans après la persécution de 1900, le nombre des chrétiens avait doublé, et la mission comptait 34 missionnaires : 26 franciscains hollandais et 8 prêtres indigènes.

Mgr Odoric Timmer est le Vicaire Apostolique actuel du *Chan-si méridional*.

ÉTAT ACTUEL DE LA MISSION (1914).

Vicaire Apostolique : Mgr Odoric TIMMER, O. F. M.

Catholiques	23.679
Catéchumènes	8 830
Baptêmes d'adultes	1.485
Baptêmes d'enfants nés de parents chrétiens	980
Églises	50
Chapelles publiques	162
Chrétientés	400
Missionnaires européens, O. F. M.	29
Prêtres indigènes	12
Élèves au grand séminaire	6
Élèves au petit séminaire	23
Catéchistes	182

Collèges pour jeunes gens : 2, avec 46 élèves.
Collège pour jeunes filles : 1, avec 14 élèves.
Écoles de garçons : 181, avec 2.076 élèves.
Écoles de jeunes filles : 151, avec 1.486 élèves.
Écoles de catéchumènes : 75, fréquentées par 944 hommes et 569 femmes.

Confirmations	455
Confessions annuelles	15.546
Confessions de dévotion	90.534
Communions pascales	15.807
Communions de dévotion	138.121
Mariages célébrés	262
Extrêmes-Onctions administrées	330

ŒUVRE DE LA SAINTE-ENFANCE.

Nombre d'enfants baptisés	921
— — recueillis	351
— — en nourrice	841
— — adoptés par des chrétiens	86
Pharmacies	3

LIVRE IV

LE CHEN-SI[1]

(Pl. VI et VII)

CHAPITRE PREMIER

NOTIONS PRÉLIMINAIRES

Superficie. — 195 000 kilomètres carrés.

Nombre d'habitants. — 8 450 000 habitants, soit 43 au kilomètre carré.

Le nom. — Il lui vient de ce que cette province est à l'O. de la fameuse passe de *Tong-koan*. CHEN-SI signifie *Ouest de la passe*.

Limites. — Au N., le plateau de l'*Ordos*, prolongement S. du plateau de *Mongolie*. Le *Chen-si* est séparé de l'*Ordos* par un fragment de la Grande Muraille. A l'O., le *Kan-sou* ; — au S., le *Su-tchuen* et le *Hou-pé* ; — à l'E., le *Ho-nan* et le *Chan-si*.

1. Au point de vue ecclésiastique, la province du *Chen-si* est divisée en trois Vicariats Apostoliques : le *Chen-si sep-*

Capitale. — SI-NGAN FOU, non loin de la rive droite du *Ouei-ho* et presque au centre de la province.

Autres Préfectures. — Il y en a 6 :

Le long du *Ouei-ho*, en allant de l'O. à l'E. 1° FONG-SIANG FOU (C) ; 2° TONG-TCHEOU FOU (C).

Au N. du *Ouei-ho*, la première ville tout au N., la seconde à moitié chemin entre la Grande Muraille et le *Ouei-ho* : 3° YU-LIN FOU (S) ; 4° YEN-NGAN FOU (S).

Au S. des monts *Tsin-ling* et le long du *Han-ho* ou *Han-kiang*, en le descendant : HAN-TCHONG FOU (M) ; 6° HING-NGAN FOU (M).

Il y a de plus dans le *Chen-si* 5 *tcheou* indépendants : TCHANG TCHEOU (C), KIEN TCHEOU (C), PIN TCHEOU (C), FOU TCHEOU (S), SUI-TÉ TCHEOU (S).

Aspect et caractéristiques. — Le pays est nettement divisé en deux parties par une épaisse chaîne de montagnes ne livrant qu'un passage difficile à ses deux extrémités. Toute la vie afflue sur les deux rivières qui coulent l'une au N., l'autre au S. Les deux vallées, surtout celle du N., sont d'importants passages vers l'O. Au N. du *Ouei-ho*, un long plateau de terre jaune se dresse lentement vers le N. Au S. du *Ouei-ho* et des monts *Tsin-ling* surtout, la terre jaune disparaît.

Relief. — Au N. du *Ouei-ho*, un grand plateau

tentrional, le *Chen-si central* et le *Chen-si méridional*. Les deux premiers sont confiés aux Frères Mineurs. Pour faciliter les recherches sur les cartes, nous avons fait suivre le nom des villes des initiales *S* ou *C* ou *M*, selon qu'elles appartiennent au *Chen-si septentrional*, *central* ou *méridional*.

de lœss qui va en s'élevant du S.-E. ou N.-O. et au N., de plus en plus profondément découpé par des ravins à mesure qu'on s'éloigne du S.-E. Ce plateau se termine au N. par une série de chaînes qui soutiennent le plateau de l'*Ordos*.

Au S. du *Ouei-ho*, s'élève l'épaisse chaîne des monts Tsin-ling, prolongement du Koen-luen. Elle va de l'O. à l'E., avec une hauteur moyenne de 3000 mètres. L'un des sommets les plus connus, situé un peu vers l'O., est le Ta-pé-chan, qui atteint 3600 mètres. Avec ses rochers abrupts, ses sentiers à pic, ses torrents, ses sombres forêts, le Tsin-ling est difficile à traverser.

Au S. du *Han-ho* ou *Han-Kiang*, commence la chaîne de Kieou-long, moins épaisse que la précédente, longeant tout le N.-E. du *Su-tchuen*, et continuant le Min-chan du *Kan-sou*. Elle atteint plus de 3600 mètres. Un col la traverse à son extrémité O., mettant en relation la haute vallée du *Han-ho* avec le *Su-tchuen* par le col de *Ou-ting* à 1250 mètres d'altitude.

Climat. — Il est fort différent au N. du *Tsin-ling* et au S.

Au N., c'est le climat de la région au *Hoang-ho*, avec ses grands froids secs, sa poussière, ses vents violents.

Au S., c'est le climat du *Su-tchuen*. Jamais de vents du N. ou du S., les deux chaînes les arrêtent. De février à octobre, un ciel nuageux, humide avec de fortes chaleurs en été. Les froids ne commencent qu'à la fin de novembre : c'est la belle saison.

Hydrographie. — Au N. le Ouei-ho et de nombreuses rivières de direction N.-O., S.-O., se déversent toutes dans le Hoang-ho, qui longe l'E. de la province, mais n'est navigable qu'à partir du point où il reçoit du *Chan-si* le Fen-ho. La plus importante de ces rivières est le Lo-ho. Aucune n'est navigable.

Au S. le Han-ho ou plus exactement (selon les cartes chinoises) le Han-choei ou le Han-kiang, qui reçoit de nombreux torrents des monts *Tsin-ling*, mais n'est guère navigable dans le *Chen-si*. Jusqu'au sortir de cette province, il traverse des gorges abruptes et est encombré de roches et de rapides.

Le Ouei-ho. C'est le principal affluent du *Hoang-ho*. Ses sources sont dans le *Kan-sou*, dans la région minière de *Kong-tchang fou*. Il coule, comme le font tous ses affluents de gauche, dans le plateau de lœss du N., où il trace de profonds sillons. Ces sillons diminuent de profondeur à mesure qu'ils s'avancent vers le S.-E. En entrant dans le *Chen-si*, le Ouei-ho est encore à 180 mètres de profondeur; il est dominé par les hautes terrasses à degrés caractéristiques de la région du lœss. Il s'élargit alors, s'écartant de plus en plus du plateau du lœss. A partir de *Hing-ping* il devient navigable. De là jusqu'au coude du Hoang-ho à *Tong-koan*, il est sillonné de barques d'un faible tirant d'eau, car il manque de profondeur.

Faune et Flore. — Elles diffèrent complètement au N. et au S. La crête du *Tsin-ling* les sépare à peu près.

Au N., animaux sauvages. Il y a un grand nombre de tigres, panthères, ours, en particulier sur le plateau de lœss du N. et dans le *Tsin-ling*. A signaler aussi, dans la vallée du *Ouei-ho*, une grande quantité d'oiseaux aquatiques : oies sauvages, hérons, ibis, bécassines.

Animaux domestiques : chevaux, ânes, mulets, chameaux, bœufs, zèbres, buffles, moutons, chèvres, chiens, chats, porcs, lapins.

Au S. la faune et la flore sont celles du *Yang-tse-kiang*. C'est la région des bambous, des kakis, des orangers, du thé, du camphrier. Le riz, le coton peuvent s'y cultiver dans toutes les régions basses. C'est aussi la région de l'arbre à laque, de l'arbre à suif, de l'arbre à cire, de l'arbre à vernis, du mûrier, de la soie.

Richesses agricoles. — Elles sont abondantes dans les deux plaines du *Ouei-ho* et du *Han-ho*, et aussi sur le plateau de lœss où il est cultivable. Dans certaines parties de la plaine du *Ouei-ho*, on cultive même le riz et le coton et l'on fait deux récoltes par an : récolte de blé au printemps et récolte de coton en été. Par ailleurs ce sont les produits ordinaires de la région du N. : orge, fèves, pois, luzerne, chanvre, tabac, maïs.... La vallée du *Han-ho* supérieur, peut-être encore plus riche, donne, en plus de ses nombreux fruits, d'abondantes moissons de blé, coton, tabac ; on y cultive la soie, et on y trouve quantité de mûriers, palmiers, bambous, et même des orangers. Dans toute la province, on fait une culture intense du pavot.

Richesses minérales. — La province est fort riche en houille, mais cette houille est à peine exploitée. On y trouve également du fer, du sel, du quartz veiné d'or, du nickel et de la magnétite (dans la haute vallée du *Han-ho*). La pierre de construction (marbre, granit, porphyre) abonde, surtout dans le *Tsin-ling*.

Population. — Fort dense dans les deux vallées, elle se fait de plus en plus rare à mesure qu'on s'éloigne de ces deux contrées. Presque toute, elle est adonnée à l'agriculture. Comme celle du *Chan-si*, elle fournit pourtant d'habiles banquiers. A peine quelques éléments étrangers : *Mongols* au N., émigrés du *Su-tchuen* et du *Hou-pé* vers le S. Comme le *Kan-sou*, mais moins longtemps, le *Chen-si* a été fortement éprouvé par les deux insurrections (*Tai-ping* au S. du *Tsin-ling*; *musulmans* au N.). Au N. la ville de *Si-ngan fou* presque seule a pu résister[1].

Langue. — Au N. seulement on parle un peu mongol. Partout ailleurs, le mandarin est la langue parlée.

1. Le *Chen-si* et le *Kan-sou* sont tous deux gouvernés par un même vice-roi, appelé vice-roi du *Chen-kan*. Ces deux provinces étaient beaucoup plus riches et plus peuplées il y a 60 ans qu'elles ne le sont aujourd'hui. C'est qu'elles ont été dévastées et ruinées par une double insurrection. La première, celle des *Tai-ping* qui dura de 1850 à 1864, atteignit seulement la partie sud, celle du *Yan-tse-kiang*. La seconde, beaucoup plus terrible en ce pays, dévasta tout le nord, c'est la révolte musulmane. Elle prit naissance là, en 1861, et ne fut complètement étouffée qu'en 1878, à la prise de *Khotan*, dernière place forte des rebelles. On évalue à 10 millions le nombre de ceux qui périrent alors dans les deux provinces.

Villes et centres principaux. — Dans la partie septentrionale :

Si-ngan fou (C). — A quelques kilomètres au S. du *Ouei-ho*, à 470 m. d'altitude, environ un million d'habitants. Capitale et ville la plus importante du *Chen-si*, une des plus importantes de la Chine, tant par son passé historique que par sa situation, le chiffre de ses habitants et sa richesse. Sous diverses dynasties, la capitale de la Chine a été Si-ngan fou ou une ville voisine. Elle n'acquit sa célébrité que sous les *Tang*. C'est alors qu'elle prit le nom de *Si-king* (capitale de l'Ouest). En 1900, lors de la révolte des Boxeurs, la cour s'y retira pendant quelque temps. C'est tout près de là, à l'E., que furent brûlées, sous *Che hoang ti* (246-209 a. C.), les Annales de l'empire. Les Musulmans, qui y seraient arrivés au VIIe siècle, possèdent tout un quartier et une mosquée fameuse. Non loin de la ville, à l'O., on conserve la fameuse stèle dont il a été parlé au livre I. Un musée fameux, le *Pei-lin* (forêt de tablettes), y garde des vestiges de l'ancienne civilisation. La ville a son quartier tartare, enclos d'une muraille. Au cœur de la ville, il y a une agglomération considérable de petits commerçants ; à l'E., un faubourg très populeux et très riche, où s'entreposent draps, soieries, porcelaines, produits européens, fer... Une filature de coton a été établie dans la ville, en 1899.

Hsien-yang (C). — Tout près de là, tire son importance de ce qu'elle est la tête de la navigation du *Ouei-ho* et que, par là même, il s'y fait un grand commerce.

Tong-tcheou fou (C), sur le *Lo-ho*. — C'est une

cité de commerce et d'industrie, de laquelle la place militaire de *Tong-koan*, cependant plus importante, n'est qu'une dépendance administrative.

Tong-koan (C). — 70 000 hab. Au coude du *Hoang-ho*, plus ville de garnison que de commerce, importante surtout par sa position qui commande les régions de l'Ouest.

Hoa-in-miau (C). — Ville de pèlerinage qui possède un temple célèbre. Point de départ pour l'ascension du *Hoa-chan*, l'une des cinq montagnes saintes de la Chine.

Fong-siang fou (C). — Sur la route du *Kan-sou* qui suit le *Ouei-ho*, pittoresquement établie sur une haute terrasse de lœss.

Pin tcheou (C). — Sur le *King-ho*, célèbre par ses magnifiques fruits.

Yu-lin fou (S). — Tout au N. Place de garnison et important marché de fourrures.

Dans la partie méridionale :

Han-tchong fou (M). — Sur les bords du *Han-ho* et à 470 m. d'altitude; 80 000 hab. Gros marché et centre important d'une plaine de 150 kilomètres de long sur 40 à 50 de large.

Hing-ngan fou (M). — Ville plus importante que la précédente au point de vue commercial. Le commerce rayonne de là vers le *Su-tchuen*, le *Kan-sou* et le *Chen-si* méridional.

Industrie et commerce. — Relativement peu développés. Outre le centre quelque peu industriel de *Si-ngan fou*, on peut citer, le long du bas *Ouei-ho*, un certain nombre de villes qui se livrent à une partie spéciale de l'industrie : TONG-KOAN (ferblanterie), HOA-IN-MIAU (C) (chaussures de paille), TCHE-CHOEI (bâtonnets d'encens et meubles en bambou), OUEI-NAN (C) (entrepôt de charbon). — Au S., SI-HIANG HSIEN (M) s'est fait une spécialité de la fabrication de la colle.

Le *Chen-si* importe des soieries du *Tche-kiang* et du *Su-tchuen*, du thé, du *Hou-pé* et du *Hou-nan*, du sucre, du *Su-tchuen*. Il exporte de l'opium, des peaux et des fourrures. C'est, de plus, un lieu de transit continuel pour les marchandises venant du *Tibet* et de l'Asie centrale ou s'y rendant. — Le *Chen-si* tient peut-être le premier rang pour l'arbre à vernis dont on extrait le vernis et le suif vert.

Note. — Le *Chen-si* est comme le berceau de la race chinoise ; c'est là qu'elle grandit et se développa, de là qu'elle s'étendit à l'E. et au S. Sa situation commande le passage des grandes plaines de l'E. vers l'Asie centrale, et grâce à la route du *Su-tchuen*, le met en relations faciles avec tout le S. de l'empire. (L. RICHARD, S. J., *Géographie de l'empire de Chine.*)

CHAPITRE II

HISTOIRE RELIGIEUSE DU CHEN-SI

La province du *Chen-si* reçut-elle les lumières de l'Évangile dès les temps apostoliques ? L'histoire ne nous fournit pas de données suffisantes pour pouvoir élucider la question.

A défaut d'autres indications à cet égard, il faut nous en tenir à l'inscription de la fameuse stèle élevée en 781 à *Si-ngan fou*, capitale de la province Elle nous apprend que sous la haute protection des empereurs de la dynastie des *Tang* alors régnante, qui avait fixé sa capitale dans cette ville, la religion chrétienne fut prêchée dans le *Chen-si* en 635 et y fut grandement favorisée par la cour impériale. D'après ce monument, et d'après d'autres documents postérieurs, nous savons que pendant trois siècles la religion fut en honneur et en progrès dans le *Chen-si* (voir livre I, chap. II).

Les révolutions vinrent ensuite entraver et peut-être anéantir l'œuvre des missionnaires.

Une nouvelle évangélisation de la province fut entreprise au XIVe siècle par les religieux franciscains. Grâce au puissant appui des empereurs d'alors, les missionnaires de l'Ordre de St-François purent sans entraves et avec succès faire fleurir la religion catholique dans toute l'étendue de la Chine (voir livre I, chap. III). Il est avéré que l'un d'eux, le B[x] Odoric de Pordenone, le grand missionnaire franciscain du XIVe siècle, séjourna dans le *Chen-si* en 1330 lors de son retour en Europe. La province du *Chen-si* ne fut certainement pas étrangère à ce merveilleux mouvement vers le Catholicisme dont la Chine entière subit alors l'influence.

La dynastie qui l'avait favorisé était remplacée en 1368 par une autre qui allait s'y montrer hostile. Les missionnaires et les chrétiens disparurent-ils complètement dans la suite? Il est permis d'en douter.

Quoi qu'il en soit, ce fut un grand et docte mandarin chinois du nom de *Wang* qui, dans les premières années du XVIIe siècle, propagea à nouveau la religion catholique dans le *Chen-si*, son pays d'origine. Alors qu'il se trouvait à *Péking*, il s'instruisit dans les sciences auprès des PP. Jésuites : converti par eux, il reçut le baptême sous le nom de Pierre. Avancé en âge, il rentra dans sa province et y amena au catholicisme toute sa famille et bon nombre de ses compatriotes. Pendant plusieurs années le P. Étienne Faber, jésuite français, dont la vertu et le zèle sont restés inoubliables, dirigea ces nouveaux chrétiens et étendit le règne de J.-C. dans le *Chen-si*.

La découverte qu'un lettré païen ami des chrétiens fit providentiellement en 1625 du monument de *Si-ngan fou*, mentionné plus haut, vint apporter un précieux appui à l'œuvre d'évangélisation, en apprenant aux Chinois l'antiquité de la religion catholique et de sa propagation dans l'empire. Forts de ce témoignage indubitable, les chrétiens s'empressèrent de l'utiliser pour convaincre leurs concitoyens de la vérité de leur religion et les engager à l'embrasser. Ils pratiquaient la religion ouvertement; ils la prêchaient même après leur mort par les monuments érigés sur leur tombe et surmontés de la Croix, du saint nom de Dieu et de Jésus, d'un Cœur percé d'un glaive, comme on peut les voir encore dans un ancien cimetière ouvert de 1650 à 1685.

Leurs missionnaires étaient alors les PP. Jésuites. A la suite des édits de persécution de janvier 1665, tous les prêtres européens de l'intérieur de l'empire furent arrêtés, jetés en prison, puis envoyés en exil à *Canton*, et les chrétiens, sommés d'avoir à renoncer au Catholicisme. Un certain nombre de ces derniers dans le *Chen-si* eut la faiblesse d'apostasier.

Quelques années plus tard, les PP. Jésuites, profitant de la tolérance de l'empereur, rentrèrent dans cette province, où ils devaient rester quelque temps encore.

Les chrétientés redevinrent florissantes et l'on conserve de nos jours une cloche en fer que l'une d'elles fit fondre en 1679 et dont l'inscription indique qu'elle devait servir à sonner l'angelus.

Dès 1696 la province du *Chen-si*, dont faisait alors partie le *Kan-sou* actuel, avait été érigée par Innocent XII en Vicariat Apostolique, conjointement avec celle du *Chan-si*, et la même année, le Père Basile Brollo de Gemona, religieux de l'Ordre de Saint-François, en avait été nommé premier Vicaire Apostolique.

Tous ses successeurs dans la suite des temps devaient être choisis dans le même Ordre religieux.

Le P. Basile de Gemona, franciscain de la province de Venise, était né le 25 mars 1648. Il avait été envoyé en Chine en 1680 par la Propagande avec Mgr Bernardin della Chiesa (voir *Chantong*, p. 42), et trois autres missionnaires italiens de son Ordre. Leur voyage s'opéra sans incident notable jusqu'au Siam, où ils durent s'arrêter et séjourner pendant un an. Ils y laissèrent deux de leurs confrères et ils arrivèrent le 27 août 1684 à *Canton*, où les PP. Franciscains espagnols des Philippines leur firent le plus fraternel accueil. Il s'y adonne avec ardeur à l'étude de la langue chinoise qu'il parvint à posséder parfaitement. Ayant été choisi pour Vicaire général par Mgr della Chiesa, il visite à ce titre les chrétientés fondées dans le *Tche-kiang* par les franciscains espagnols, et ensuite, à l'issue d'une grave maladie, la province du *Hou-koang* : là il trouve les esprits dans un tel état d'effervescence par suite de la question des rites chinois, qu'il faillit y perdre la vie : car fermement attaché à la saine doctrine, il obligeait les chrétiens à renoncer aux pratiques superstitieuses.

A ce moment le roi de Siam le rappela dans son royaume dans l'espoir que, par la prédication de l'évangile, il apaiserait une révolte de ses sujets. Le P. Basile comptait trouver dans ce nouveau champ d'apostolat une compensation à l'échec qu'il venait d'éprouver : son attente fut déçue, la rébellion triompha.

Le Père revint alors dans le *Hou-koang* pour y compléter la visite commencée précédemment sous de si fâcheux auspices. Cette seconde mission s'annonçait comme devant être plus heureuse que la précédente ; déjà il avait baptisé six cents infidèles et il se flattait de recueillir dans cette tournée apostolique une ample moisson d'âmes, quand, sur la présentation du roi de Portugal, Mgr Bernardin della Chiesa fut nommé évêque de *Nan-king* (1690). Le P. Basile rejoignit son évêque dans cette ville et le seconda avec activité dans ses œuvres d'apostolat.

Le 15 octobre 1696, Mgr della Chiesa était transféré au siège de *Péking*; à la même date le P. Basile était nommé Vicaire Apostolique du *Chen-si* et *Chan-si* réunis, et leur compagnon de voyage et de missions le P. Jean-François Nicolai de Leonissa était élu Vicaire Apostolique du *Hou-koang*.

La Propagande ayant fait, en 1697, un nouvel envoi de missionnaires en Chine, Mgr Basile de Gemona prit avec lui un des six franciscains faisant partie de cette expédition, le P. Antoine de Castrocaro, et se rendit dans son Vicariat.

Le 11 avril 1701 il arrivait dans la ville de *San-yuen*, assez rapprochée de *Si-ngan fou* : il y construisit une église et une résidence. Des mille familles qui précédemment y pratiquaient la religion catholique, c'est à peine s'il trouva 150 chrétiens dispersés : pour en augmenter le nombre dans la région, il déploya toutes les ardeurs de son zèle sans compter avec les difficultés des voyages et avec les souffrances qui en résultaient pour lui. La course la plus pénible de son apostolat dans le *Chen-si* fut le voyage de *Han-chong fou* (M), par suite des montagnes escarpées qu'il lui fallut gravir et redescendre pendant sept jours avant d'y arriver. Sur le territoire de cette préfecture où existait une chrétienté florissante fondée une quarantaine d'années auparavant par un Père Jésuite, il exerça son apostolat avec activité et obtint en deux ans six cents conversions. De là il se rendit dans une partie de son Vicariat où la religion chrétienne était totalement inconnue : il y eut de longues discussions avec des lettrés de distinction, qui, bien que profondément ébranlés, n'eurent pas le courage d'embrasser les vérités de la foi ; mais en compensation, il amena au bercail de J.-C. quantité de gens du peuple plus simples et plus dociles.

Informé de la sainteté de vie de Mgr Basile de Gemona et de son zèle inlassable pour le salut des âmes, Clément XI lui envoya des félicitations elogieuses par l'intermédiaire de son Légat en Chine, Mgr de Tournon; mais quand elles arrivèrent en Chine, Mgr Basile de Gemona était déjà passé à un monde meilleur. Il était décédé dans sa résidence de *San-yuen* le 16 juillet 1704. « Par le trépas de cet insigne missionnaire, la Chine perd le plus ferme appui de la religion catholique, écrivait de lui un P. Jésuite. Je l'ai assisté, ajoutait-il, tout le temps qu'a duré sa courte maladie. Sa mort fut sereine comme celle d'un saint. Je tiens pour certain qu'il jouit face à face de la vue de Dieu, après l'embrassement duquel il soupirait, en retour de tant de souffrances patiemment endurées et de sueurs joyeusement répandues dans la prédication de la foi en J.-C. »

Mgr Basile de Gemona s'est particulièrement signalé par son Dictionnaire Chinois-Latin, qu'il intitula *Han-tze si y*. « Cet ouvrage, dit J. Klaproth, est regardé par tous comme le meilleur qui ait été publié; il a servi de modèle à tous ceux qui dans la suite firent paraître des dictionnaires de ce genre. » Avec un sans-gêne incroyable, M. de Guignes, résident de France en Chine, le réédita en 1813 sous son propre nom, sans même mentionner que c'était là le travail du P. Basile de Gemona : « Bien plus, continue Klaproth, quelques paroles de la préface font assez voir que M. de Guignes veut faire croire qu'il en est l'auteur ! » M. de Guignes a pu s'en attribuer le profit et l'honneur, mais il n'en a aucunement le mérite.

Le P. Antoine de Castrocaro, que Mgr Basile de Gemona avait amené avec lui dans le *Chen-si*, en avait été nommé Provicaire ; un précieux collaborateur lui était arrivé en la personne du P. Jean-Baptiste de Serravalle, franciscain de la province de Milan. A eux deux ils bâtirent une résidence à *Si-ngan fou*, d'où en juin 1706 le P. Jean-Baptiste envoyait à ses supérieurs réguliers la relation de son voyage en Chine. Ce dernier alla ensuite ouvrir des missions et églises dans les villes de *Lan-tcheou fou*, et *Liang tcheou* (*Liang chow*) dans le *Kan-sou* actuel. Il en partit plus tard pour le *Hou-koang* dont il avait été fait Provicaire. Il y mourut en 1725.

Le P. Antoine de Castrocaro fut en 1706 élu évêque titulaire de Lorima et second Vicaire Apostolique du *Chen-si* et *Chan-si*. En 1719, deux nouveaux auxiliaires de son Ordre, les PP. François Saraceni de Conca et François d'Ottaiano, vinrent le rejoindre. Celui-ci alla prendre la direction des chrétientés de *Lan-tcheou fou* et de *Liang tcheou* (*Liang chow*), d'où le P. J.-B. de Serravalle était parti. Durant la persécution générale de 1724, ces deux Pères et Mgr Ant. de Castrocaro furent chassés de leur mission et durent prendre la route de *Canton*, où ils étaient envoyés en exil, comme tous les autres missionnaires de l'empire. Mais le P. François de Conca, en traversant une montagne, y fit la rencontre d'un païen chinois qui, sachant l'expulsion et les tribulations des européens, fut pris de compassion et lui offrit de le cacher quelque temps dans sa maison. Le Père accepta et put ainsi rester dans la province. Lors de cette persécution dans le district de *Ki-chan* (C), tout un village composé de soixante-dix familles chrétiennes fut complètement saccagé par les païens : un petit nombre de fidèles réussirent à se cacher dans les montagnes; les autres, traînés brutalement par les satellites au tribunal de *Mei hsien* (C), y confessèrent courageusement la foi et y furent cruellement massacrés.

Après avoir séjourné quelques années à *Canton*, Mgr Ant. de Castrocaro et le P. François d'Ottaiano rentrèrent secrètement dans le *Chen-si*. Peu après, le Prélat y mourait frappé d'apoplexie, au moment où il montait à l'autel pour célébrer les saints mystères (1730).

Mgr François Saraceni de Conca lui succéda en 1731, comme évêque titulaire, lui aussi, de Lorima et Vicaire Apostolique du *Chen-si* et *Chan-si*. Il était demeuré, nous l'avons vu, dans le Vicariat, logeant dans les cavernes des montagnes, d'où il s'échappait de nuit pour aller porter aux chrétiens les secours de la religion.

Plusieurs confrères de son Ordre le secondaient dans le ministère apostolique : c'étaient le P. François d'Ottaiano qui, dans la suite, fut élu coadjuteur de Mgr Jean Mullener, Vicaire Apostolique lazariste du *Su-tchuen*, et qui mourut avant d'être sacré et d'avoir pu gagner ce Vicariat; — le P. François-Marie Ferreri qui, arrivé au *Chen-si* peu de temps avant la persécution de 1724, avait dû retourner à *Canton*, d'où il était revenu ensuite; et le Père Roch Vomhsiler, originaire de la Bohême, plus un jeune prêtre chinois promu au sacerdoce par Mgr de Conca.

Mgr de Conca ayant nommé Provicaire le P. Ferreri, tous deux amenèrent leurs ouailles à se soumettre à la Constitution Apostolique qui leur interdisait les cérémonies idolâtriques. Le P. Ferreri parcourut le Vicariat tout entier dont il visita toutes les chrétientés. Il s'était établi un refuge dans une grotte voisine de *Tai-yuan fou*, capitale du *Chan-si*; c'est de là qu'il partait à la conquête des âmes.

Nommé en 1732 coadjuteur de Mgr de Conca, il céda sa grotte au P. Gabriel de Turin, missionnaire de son Ordre, et sous le nom de son dévoué domestique il se procura dans la ville de *Kiang tcheou* (*Chan-si méridional*) une petite maison, où il se tint caché; le P. Eugène Piloti de Bassano, arrivé en Chine en 1729, vint bientôt l'y rejoindre.

Averti par le P. Charles de Castorano, missionnaire du *Chan-tong* et Délégué Apostolique pour le diocèse de *Péking*, qu'il était découvert et recherché, Mgr Ferreri se réfugia en Tartarie au delà de la Grande Muraille, dans une petite chrétienté dirigée par les PP. Jésuites, et de là se rendit dans la résidence établie au village de *Haitien* à trois milles au N.-O. de *Péking* et achetée en 1721 par Mgr Mezzabarba, Légat du S.-Siège en Chine, pour y loger les missionnaires de la Propagande, à qui il en avait fait don. Arrivé là, il engage le P. Charles de Castorano à aller à Rome informer le Souverain Pontife des dissensions sans cesse occasionnées par la question des rites chinois; et ayant appris la fausseté des bruits répandus au sujet de son arrestation, il retourne dans sa mission de *Kiang tcheou* avec le P. Eugène Piloti, qui l'avait rejoint à *Haitien*. Ils demeuraient ensemble quand, en 1737, Mgr Ferreri fut frappé d'une première attaque d'apoplexie, suivie, l'année suivante, d'une seconde qui l'emporta.

Clément XII, informé des rares mérites du P. Eugène Piloti, le nomma en 1739 coadjuteur avec future succession de Mgr François de Conca, en même temps que la Propagande l'établissait examinateur général des livres que les missionnaires de tous les Vicariats qui se trouveraient vacants viendraient à publier.

Le 1er décembre 1741, le Vicaire Apostolique, Mgr François de Conca, rendait à Dieu sa belle âme à l'âge de 62 ans dans sa retraite du *Chen-si*. La pierre de son tombeau est restée un touchant témoignage de son grand amour pour les âmes, de son ardeur infatigable à prêcher la parole de Dieu, de ses éminentes vertus, en même temps que de la reconnaissance et de la douleur de ses ouailles privées d'un tel pasteur. Son souvenir est toujours vivant au *Chen-si* où il est consacré par un chant populaire à la louange du vénéré Prélat.

Son successeur Mgr Eugène Piloti, né à Bassano (Vénétie) le 16 mars 1699, allait gouverner son Vicariat du *Chen-si* et *Chan-si* avec le zèle, la science, la bonté et l'affection d'un pasteur en possession de toutes les vertus requises dans cette haute dignité.

Attaché à la saine doctrine, il eut à endurer toutes sortes de déboires par suite de son opposition à la pratique des rites chinois idolâtriques. Maintes fois il fut obligé de se déguiser pour passer soit de maison en maison, soit de ville en ville, en continuel péril d'être découvert et mis à mort. D'après une lettre écrite le 11 mai 1748 par le P. Jean-Baptiste Maoletti de Serravalle, missionnaire franciscain du *Chen-si*, nous savons qu'à cette date il était obligé de se tenir caché à *Si-ngan fou* dans la maison d'un chrétien. La cruelle persécution dirigée contre lui et supportée par lui avec une patience héroïque, ne le retient pas inactif : il parcourt en cachette son Vicariat, il succombe enfin à la tâche le 30 décembre 1756 dans la ville de *Kiang tcheou* (*Chan-si méridional*), après avoir reçu les derniers sacrements des mains d'un de ses prêtres chinois, son confesseur. Sa dépouille mortelle, écrit ce dernier, demeura trois jours exposée devant l'autel. L'hiver était si rigoureux que l'eau gelait jusque dans les parties les plus retirées des maisons; néanmoins le corps resta toujours flexible, circonstance qui, excitant l'admiration universelle, augmenta la vénération que l'on professait déjà pour le défunt.

Un des missionnaires du *Chan-si*, le P. Jean-Baptiste de Bormio, franciscain de la province de Milan, avait eu particulièrement à souffrir de la persécution. Il célébrait avec ses chrétiens la fête de Pâques 1746 quand une troupe de gens armés se jette sur eux et les frappe avec une telle barbarie que le domestique du Père en mourut peu après. Le P. Jean-Baptiste est, lui aussi, roué de coups; on lui met les menottes qu'on serre au point que le sang jaillit à l'extrémité des doigts, et on le conduit en cet état à la ville de *Ho tcheou* (*Chan-si méridional*) au milieu des plus sanglantes insultes de la populace. Le sous-préfet, après interrogatoire, le renvoie au préfet de *Ping-yang fou* (*Chan-si méridional*). Le Père, qui parlait le chinois à la perfection, présente si bien sa défense à ce magistrat que celui-ci proclame son innocence : sa cause est néanmoins déférée au Tribunal suprême des crimes à *Péking*; en attendant qu'en vienne une réponse, il est ramené à *Ho tcheou*, où il est incarcéré dans une immonde prison; il y eut à souffrir de la faim, du froid, de la chaleur, de la vermine; ses compagnons de captivité lui firent toutes sortes d'avanies; ses geôliers furieux de ne rien trouver à lui soutirer lui infligeaient en outre de cruelles tortures. Malgré l'interdiction de le laisser communiquer avec les personnes du dehors, quelques-uns de ses chrétiens qui lui étaient très attachés se dévouèrent pour lui porter des secours en escaladant les murs de sa prison, mais ils furent pris et soumis aux plus affreux tourments. Le Père n'en fut dès lors traité que plus durement, à tel point qu'il sembla être arrivé aux portes de la mort. Malgré ses souffrances, il ne cessa cependant de déployer son zèle apostolique auprès des autres détenus, et il eut la consolation d'en convertir plusieurs : unis dès lors dans la prière, ils chantaient ensemble à haute voix les louanges de Dieu.

Après plusieurs mois de prison, le P. Jean-Baptiste de Bormio est envoyé en exil à *Macao*, passant durant son voyage de tribunaux en tribunaux jusqu'à son arrivée à *Canton* où il subit deux mois d'une détention moins pénible, grâce à l'intervention de M. Joseph de la Barre, directeur de la Compagnie royale de France à *Canton*. Restait la dernière comparution devant le mandarin de *Houng-chan*, qui avait droit d'inspection sur *Macao*. Ce magistrat, ennemi acharné des chrétiens, infligea au Père le supplice des fouets et lui fit subir la torture avec une telle barbarie qu'il en resta infirme pendant longtemps. Il fut enfin remis aux Portugais de *Macao*, le 2 juillet 1747, avec ordre de le renvoyer dans son pays. Sa captivité avait duré quinze mois.

Transporté à *Goa* chez les Franciscains, il s'en échappe, gagne de nouveau *Canton*, mais devant l'impossibilité de rentrer en Chine, il s'embarque pour Rome où il arrive en décembre 1750. Il mourut en Italie dans un couvent de son Ordre, en 1761, à l'âge de 57 ans.

A l'époque où le P. J.-B. de Bormio était arrêté

dans le *Chan-si*, le P. Séraphin Rumpler, Provicaire du Vicariat, était occupé dans le *Chen-si* à parcourir le pays pour y visiter en cachette les chrétiens, et le P. J.-B. de Serravalle exerçait secrètement son ministère dans la mission de *Gniou-seu-lin*, sur le territoire de la ville de *Ouei-nan*, à proximité de *Si-ngan-fou*.

Un autre franciscain, le P. Jean-Antoine Boucher, né en 1704 à Portoferraio, près Livourne, et arrivé à *Canton* en 1731 après un pénible voyage d'un an, se livrait avec ardeur dans le *Chen-si* aux travaux apostoliques : ce que sachant, Benoît XIV le nomma coadjuteur de Mgr Eugène Piloti. Il reçut la consécration épiscopale le troisième dimanche de l'Avent 1753 « devant une affluence de chrétiens aussi nombreuse qu'il fut possible de la permettre, écrit-il lui-même, étant donné le danger auquel ils s'exposaient à une époque qui fait assez penser à la situation des fidèles à Rome et en Italie au temps de Néron ».

Après son sacre, il visita tout le Vicariat du *Chen-si* et du *Chan-si*, dont il devint Vicaire Apostolique à la mort de Mgr Eugène Piloti. Malgré toutes les mesures de prudence qu'il prit pour éviter d'attirer l'attention du gouvernement hostile, il fut découvert pendant ses courses pastorales dans le *Chen-si* et arrêté le 16 décembre 1755 avec cinq chrétiens de sa suite. Conduit enchaîné à *Han-tchong fou* (*Chen-si méridional*), sous les malédictions des païens, il y est jeté dans une affreuse prison qu'il supporte avec une telle grandeur d'âme que ses persécuteurs en étaient aussi irrités que confondus. De là il est envoyé au Vice-Roi de la province ; appelé à comparaître devant lui et devant le grand juge provincial, il fait par sa noble attitude une telle impression sur eux qu'ils n'eurent pas le courage de le condamner à mort, conformément aux lois de l'empire, mais que même beaucoup d'assistants abandonnèrent le culte des idoles pour se convertir au Catholicisme.

Après 9 mois et 20 jours d'une dure captivité il est donc remis en liberté, mais à la condition de ne plus prêcher l'Évangile et de sortir de l'empire. Mais il n'en retourna pas moins dans sa mission, afin d'y confirmer en la foi les chrétiens dispersés et cachés dans les bois. Quelques années après, désireux de mourir au milieu de ses frères en religion, il démissionna et se retira au couvent franciscain de *Macao*, où il s'endormit dans le Seigneur le 5 novembre 1765 et où ses funérailles furent célébrées avec un éclat extraordinaire.

Le P. Jean-Baptiste Maoletti de Serravalle fut nommé en sa place en 1761 Vicaire Apostolique du *Chen-si*, mais il mourut l'année même, avant d'avoir pu recevoir la consécration épiscopale. Il s'était dévoué bon nombre d'années à évangéliser le Vicariat au milieu de dangers sans cesse renaissants.

Son successeur fut Mgr François Magi de Dervio, franciscain de la province de Milan, envoyé en Chine en 1762 par la Propagande et créé peu après par Clément XIII Vicaire Apostolique du Vicariat du *Chen-si* et *Chan-si*, ainsi que du *Hou-koang* réuni en cette même année 1762 à ce Vicariat. Il établit sa résidence dans le *Chan-si*. Il gouverna son immense Vicariat pendant une quinzaine d'années avec grand zèle et avec toute la prudence qu'exigeait alors l'hostilité du gouvernement contre l'Église.

Mgr Magi s'étant démis de ses fonctions, tout en restant attaché à sa mission, Pie VI, en 1778, désigna, pour le remplacer, Mgr Antoine-Marie Sacconi, franciscain d'Ancône, né à Ausimo en 1741. Il était parti pour la Chine le 5 février 1771, avec destination pour le *Chan-si*. Il se livra dans le Vicariat aux fonctions du saint ministère avec une telle ardeur qu'elle lui valut des fidèles le qualificatif de « Père infatigable ». Son élévation à la dignité de Vicaire Apostolique des trois provinces ne fit que rendre plus vive encore la flamme de charité qui le dévorait.

En 1784, quatre de ses missionnaires franciscains du *Hou-koang* étaient arrêtés et dirigés sur *Péking*, où ils furent incarcérés. Leur arrestation provoqua un redoublement de persécution et amena l'empereur à lancer de nouveaux édits contre la religion catholique. Leurs confrères du *Chan-si* allaient en être les victimes.

Mgr François Magi, l'ancien Vicaire Apostolique, fut pris dans le *Chan-si* et conduit à *Péking* chargé de chaînes au cou, aux mains et aux pieds, pour y être jugé par le Tribunal des crimes. Là il est jeté dans une prison obscure, infecte et humide, où il a à subir des tourments de tout genre : épuisé par la faim, les privations et la maladie, il y mourait le 14 février 1785, à l'âge de 62 ans.

Mgr Antoine-Marie Sacconi, activement recherché par les persécuteurs, avait pu leur échapper ; il se tenait dans une cachette qu'un chrétien de riche famille lui avait aménagée sous le toit même de sa demeure : ce que seuls savaient le chef de la maison et un domestique fidèle qui lui apportaient à manger. Cependant on arrêtait quantité de chrétiens qu'on soumettait aux plus cruelles tortures, afin de les forcer à révéler le lieu de sa retraite. A cette nouvelle, le bon pasteur est tout bouleversé à la pensée que ses ouailles ont à souffrir à cause de lui. De suite, pour leur épargner le danger d'apostasier et les confirmer en la foi par son exemple, il sort de son réduit et va de lui-même se présenter au mandarin de *Kiai tcheou* (*Chan-si méridional*) : « Je suis, lui dit-il, cet évêque européen que vous recherchez. » Impressionné par sa démarche et par la noblesse de son caractère, le magistrat remet ses chrétiens en liberté et va même jusqu'à offrir des richesses et des honneurs au prélat qui les refuse avec dignité. Il est ensuite envoyé à *Péking* : là encore, la force de son langage désarme ses ennemis; il est néanmoins mis en prison. Cependant les fatigues du voyage qu'il lui avait fallu faire jusqu'à la capitale, l'atmosphère pestilentielle qu'il respire, les privations qu'il endure ont épuisé ses forces, il est saisi par une forte fièvre et, le 5 février 1785, quatorze ans jour pour jour après son départ de l'Europe pour la Chine, il partit de la Chine pour le ciel. Telle était la conviction que ses chrétiens avaient de sa sainteté qu'il rachetèrent fort cher sa dépouille mortelle.

Un autre missionnaire franciscain du *Chan-si*, le P. Vincent d'Aquila, fut arrêté, lui aussi, à la même époque et incarcéré à *Péking*. Alors qu'il ne pouvait, par suite de la persécution, administrer ses chrétiens et qu'il était obligé de se cacher, il avait mis à contribution les loisirs que lui donnait sa retraite forcée en composant un grand dictionnaire chinois-latin, in-folio : il ne l'avait transcrit qu'à moitié quand eut lieu son arrestation ; il l'acheva en prison à *Péking*, où son domestique avait pu à force d'argent parvenir jusqu'à lui, et le lui remettre avec les matériaux nécessaires pour le terminer.

Les prêtres chinois qui furent alors arrêtés dans le Vicariat se virent condamner à un exil perpétuel en Tartarie.

Le P. Vincent d'Aquila et les quatre missionnaires franciscains du *Hou-koang*, après un long et dur emprisonnement, furent rendus à la liberté en novembre 1785, avec ordre de rester à *Péking* ou de retourner à *Macao*. Que devinrent-ils ? Moururent-ils peu après par suite de l'épuisement où ils étaient à leur sortie de prison ? Nous l'ignorons, sauf pour les PP. Jean-Baptiste de Mandello et Louis de Signa que nous retrouverons plus tard.

Le Vicariat Apostolique du *Chen-si*, *Chan-si* et *Hou-koang* resta deux ans sans titulaire après la mort de Mgr Sacconi : il fut alors placé sous la juridiction de l'évêque de *Péking*, qui était Mgr Alexandre de Gouvea, franciscain portugais du Tiers-Ordre Régulier.

Pendant ce temps un prêtre indigène, Camille *Kiao*, qui était resté dans le district de *Han-tchong fou* (*Chen-si méridional*), y déploya toute l'ardeur de son zèle. Un compte rendu de sa mission, rédigé par lui en 1787, nous apprend qu'il s'y trouvait 4356 chrétiens disséminés dans 40 localités, non compris 510 Chinois se disant chrétiens, quoique ne remplissant aucune pratique religieuse, dont 104 se convertirent sur les exhortations du P. Camille, ni quantité d'apostats obstinés, dont il n'était pas à espérer le retour au bercail de J.-C. Notre actif missionnaire, muni de pouvoirs spéciaux, administra le sacrement de Confirmation à 780 fidèles, leurs évêques n'ayant pu, à raison des persécutions, leur faire de visite pastorale depuis 44 ans.

En 1787, Mgr Marien de Norma, ancien Provicaire du *Chan-tong* (voir p. 49), est nommé Vicaire Apostolique du Vicariat reconstitué du *Chen-si, Chan-si* et *Hou-koang*. De *Péking* où il était resté après sa sortie de prison, il s'y rend accompagné vraisemblablement de ses deux confrères et compagnons de captivité, les PP. Jean-Baptiste de Mandello et Louis Landi de Signa. Son ministère ne devait pas y être de longue durée. Le 7 avril 1790 il mourait d'apoplexie près de *Lou-ngan fou* (*Chan-si mérid.*).

Le P. Crescent Cavalli d'Eporédia, ancien missionnaire, lui aussi, du *Chan-tong* (voir p. 48), venait d'être désigné par Pie VI pour lui succéder quand Dieu le rappela à lui à *Péking*, le 24 décembre 1791, à l'âge de 47 ans.

Mgr Jean-Baptiste de Mandello fut, en 1793, appelé à remplir les fonctions de Vicaire Apostolique des trois provinces : il déploya toute l'ardeur de son zèle dans sa mission jusqu'en 1800, où il s'endormit dans le Seigneur à *Toung-eul-keou* (*Chan-si*).

A sa mort, M. Emmanuel Consorti exerça la charge de Visiteur apostolique du Vicariat.

Un nouveau Vicaire Apostolique était élu en 1804. Ce fut Mgr Louis Landi de Signa, qui était arrivé en Chine le 17 décembre 1783 et avait été emprisonné pour la foi. Il était depuis quelque temps dans le Vicariat et y avait construit un séminaire, dont la direction lui avait été confiée. Mgr Landi mourut le 26 octobre 1811.

Dans les commencements du XIXe siècle, deux des missionnaires du Vicariat devaient en être la gloire : le Bx Jean Lantrua de Triora, franciscain, et le Bx François-Régis Clet, lazariste, tous deux martyrisés pour la foi : nous retrouverons ce dernier dans le *Hou-koang* (voir p. 172).

Le Bx Jean Lantrua était né à Triora (province de Gênes), le 15 mars 1760. A 17 ans il avait revêtu l'habit de l'Ordre de St-François dans la province Romaine : après y avoir plus tard exercé successivement les charges de Lecteur de Philosophie et de Théologie, enfin de Gardien du couvent de Velletri, il avait pris la mer à Livourne en 1798, afin de gagner Lisbonne, où il devait s'embarquer pour la Chine. Dans cette dernière ville il avait dû attendre le départ d'un bateau une année entière qu'il avait utilement employée à apprendre le chinois avec un ancien missionnaire de son Ordre. Il en était enfin parti le 22 mai 1799 et avait abordé à *Macao* 8 mois après. Au commencement de 1801, il avait pu se rendre dans une famille chrétienne des environs de *Canton* avec un confrère qui y était tombé malade et avait dû retourner dans son pays : là il avait quitté son habit franciscain pour revêtir l'habit chinois et il avait changé son nom en celui de *Lan Go-wang*.

Parti avec un de ses hôtes pour le *Hou-koang*, il était arrivé à *Han-keou* à la fin de 1801. Sa vertu et son zèle y firent l'édification de tous les chrétiens, pendant un an qu'il se livra dans le district au ministère apostolique. Mais trouvant qu'il n'y gagnait pas assez de prosélytes et désireux de convertir les païens, il se rendit à l'invitation d'un chrétien de *Si-ngan fou*, qui le pressait de passer dans le *Chen-si* pour y propager la religion. Il commence par y évangéliser les chrétientés comprises dans le territoire de *Si-ngan fou* et de *Han-tchong fou*. Sans se laisser arrêter par les fatigues, ni effrayer par le danger, il parcourt ensuite en apôtre le *Kan-sou*, qui faisait alors partie du *Chen-si* et le *Chan-si*, d'où en septembre 1810 il écrit au Ministre Général de son Ordre.

En 1811, l'empereur *Kia-king* avait lancé un nouvel édit de persécution : ce ne fut que trois ans plus tard, durant l'été de 1814, qu'il l'apprend et qu'il se sait recherché par les mandarins, alors qu'il se trouvait sur le territoire de *Mien hsien* (C) dépendant de *Han-tchong fou* (M). Trahi par un de ses catéchistes (qui plus tard déplora sa faute), il est cerné dans sa résidence par le sous-préfet de l'endroit et sa troupe de soldats. Il leur échappe providentiellement et se réfugie dans le *Hou-koang*, où il terminera sa vie laborieuse par un glorieux martyre.

Le Vicariat, vacant par la mort de Mgr Landi, était alors administré par le P. Joachim Salvetti, franciscain de Toscane où il était né le 29 janvier 1769. Il s'était embarqué le 2 février 1804 pour la Chine. Après un séjour de 8 mois à *Macao*, il se mit en route le 22 mai 1805 pour l'intérieur de l'empire. Reconnu comme européen par un marinier au premier port où il débarqua, il fut, ainsi que ses trois compagnons, arrêté et incarcéré, puis transféré avec eux dans les prisons de *Canton*. Là on leur présenta la Croix pour la leur faire fouler aux pieds : sur leur refus, ils furent cruellement flagellés. Leur cause ayant été soumise à *Péking*, il en vint une sentence de la cour condamnant le Père à trois ans d'emprisonnement et son guide, originaire du *Chan-si*, à trois mois de cangue et ensuite à l'exil perpétuel en Tartarie. En décembre 1808, le P. Joachim était remis en liberté, mais pour être reconduit à *Macao*, où on le laissa en le menaçant de la mort, s'il revenait sur le sol chinois.

Méprisant cette menace, il y rentra immédiatement, mais cette fois par la *Cochinchine* et le *Tonkin*, grand détour qui l'obligea à traverser les provinces du *Yun-nan*, du *Su-tchuen* et du *Chen-si*, pour gagner le *Chan-si*. Parvenu heureusement à destination, le 5 mars 1810, il était nommé peu après, par Mgr Landi, supérieur de son séminaire indigène. A peine en avait-il commencé les fonctions que la persécution redoubla avec une nouvelle rigueur : force lui fut de se cacher pendant 70 jours sur le sommet d'une haute montagne; la première alerte passée, il revint à son poste.

Le 21 février 1815, il était élu Vicaire Apostolique du *Chen-si*, *Chan-si* et *Hou-koang*. En cette même année, à raison de la violence de la persécution, il dut fermer son séminaire : il envoya quatre de ses élèves à *Macao*, en donna un au P. Illuminato della Lance, missionnaire franciscain du *Chan-si*, et garda avec lui le plus ancien et le plus instruit. Ce ne fut qu'en novembre de l'année suivante que lui parvinrent les Bulles pontificales de son élection à l'épiscopat, et il dut se rendre à *Péking* pour y être sacré.

Revenu au sein de son troupeau, il continua à ne compter pour rien ni travaux ni souffrances, pourvu qu'il étendît le règne de J.-C. Sentant ses forces décliner, il avait demandé au Souverain Pontife et obtenu pour coadjuteur le P. Antoine de Pompeiana, franciscain de la province de Gênes, à qui il conféra la consécration épiscopale le 22 juin 1823. Le nouvel évêque entreprit avec courage la visite du vaste Vicariat; mais épuisé par ses fatigues, il mourait cinq ans plus tard à *Han-tchong fou* (M).

Arrêté dans ses travaux apostoliques par ses infirmités et par une paralysie aux jambes que lui avait occasionnée l'humidité de la prison de *Canton*, où il avait été si longtemps mis aux fers, Mgr Salvetti se choisit, en vertu de pouvoirs spéciaux, un nouveau coadjuteur en la personne du P. Alphonse de Donato, franciscain de Naples. Ce dernier était depuis deux ans dans le *Chan-si*, quand le 14 juillet 1835 il fut sacré par Mgr Salvetti.

En 1838, le *Hou-koang* fut détaché du Vicariat, et érigé de nouveau en Vicariat Apostolique.

A la suite de cette érection, Mgr Salvetti dont la résidence était à *Tai-yuan fou*, capitale du *Chan-si*, de concert avec son coadjuteur, demanda à Grégoire XVI de former un Vicariat Apostolique de chacune des deux provinces du *Chen-si* et *Chan-si*, réunies jusque-là sous la houlette d'un seul pasteur, mais tellement étendues qu'il était difficile de bien les diriger, à raison des dangers incessants dus à la persécution.

Avant que le Saint-Siège se fût prononcé à cet égard, Mgr Salvetti s'endormit pieusement dans le Seigneur, le 21 septembre 1843, à l'âge de 74 ans. Sa mort fut pour tous les chrétiens, qui ont conservé de lui le plus fidèle souvenir, le sujet d'une grande douleur.

Mgr Alphonse de Donato devint dès lors Vicaire Apostolique du *Chen-si* et *Chan-si*. Le 4 mars de l'année suivante, il conférait la consécration épiscopale à Mgr Gabriel Grioglio, de Moretta, franciscain du Piémont (voir *Chan-si*, p. 82), qui lui été arrivé depuis peu et qu'il prit pour coadjuteur.

Un mois auparavant, le 3 février 1844, Grégoire XVI séparait le *Chen-si* du *Chan-si* et en faisait deux Vicariats Apostoliques autonomes. En 1845 Mgr Alphonse de Donato fut nommé Vicaire Apostolique du *Chen-si*, comprenant alors le *Kan-sou*, en même temps que son coadjuteur l'était du *Chan-si*.

Mgr Alph. de Donato, en quittant le *Chan-si* où il avait résidé jusqu'alors, laissait sept élèves au séminaire. Il se rendit dans le *Chen-si* avec grande précaution pour ne pas être reconnu en route et exposé à se faire arrêter, et il fixa sa résidence au centre de la province, dans le village retiré et paisible de *Tong-yuen fang*, non loin de *Si-ngan fou*. C'est là que dans la suite des temps devaient être installées petit à petit les principales œuvres de la mission.

Mgr de Donato, aussi instruit que pieux et zélé, déploya toute son activité à la formation du clergé indigène, qu'il affectionnait particulièrement. Dépourvu de livres, il transcrivit de sa propre main, avec une patience admirable, pour l'instruction de ses séminaristes, des traités de philosophie, de dogme et de morale et il traduisit en chinois le catéchisme et les prières.

Atteint d'une maladie incurable de langueur, il choisit, en vertu de facultés particulières accordées par le Saint-Siège, le P. Ephise Chiais pour coadjuteur. L'ayant sacré, le 24 janvier 1847, il lui confia entièrement l'administration du Vicariat. Le 20 mai 1848, Mgr de Donato partait pour un monde meilleur au milieu des larmes de ses ouailles : il n'avait que 44 ans.

Son successeur, Mgr Ephise Chiais, était né le 17 février 1808 dans le Piémont, où ses parents, originaires de Nice, s'étaient établis, en 1789, pour se soustraire aux horreurs de la révolution française. Entré chez les Franciscains de la province de Turin, il était parti pour la Chine en 1833 sur un bateau français, en compagnie du P. Antoine Feliciani, franciscain, et du comte Louis de Besi, devenu plus tard Vicaire Apostolique du *Chan-tong*. Arrivé à *Macao*, il voit le gouverneur portugais de la colonie, sous prétexte de patronage sur les missions, lui interdire l'entrée de la Chine.

Malgré cette obstruction, il s'échappe de la ville avec deux chrétiens pour guides; un an après son départ d'Italie, il arrivait auprès de Mgr Salvetti, Vicaire Apostolique du *Chen-si*. Ce prélat, après avoir vu à l'œuvre le P. Chiais, dont il avait pu admirer les grandes qualités d'esprit et de cœur, le nomma Provicaire de cette province. Tout entier à ses fonctions, il s'appliqua avec ardeur à rétablir la ferveur chez les chrétiens qui s'étaient quelque peu relâchés, bon nombre de chrétientés n'ayant pas vu de missionnaire depuis dix ans; dans la vaste province du *Chen-si*, il n'y avait alors que trois prêtres.

Rien ne l'arrêtait dans son zèle à propager la foi et à porter aux fidèles les secours de la religion : bien des fois il se présenta comme médecin, afin de pouvoir par ce moyen pénétrer dans les maisons des païens et administrer les sacrements à quelque catholique ignoré habitant sous leur toit. La persécution cependant continuait toujours à sévir. Recherché par les satellites des tribunaux, le P. Chiais dut bien souvent se cacher et prendre la fuite : il put toujours providentiellement leur échapper.

Devenu coadjuteur, puis Vicaire Apostolique du *Chen-si*, il gouverna sa mission avec tant de tact et de prudence qu'il sut s'attacher les gens même les plus hostiles à la religion et se concilier l'estime de tous. Son seul aspect d'ailleurs imposait.

Durant la révolte des rebelles aux longs cheveux, dits *Tai-ping* (1851-1864), Mgr Chiais fut la providence de son troupeau.

Vers la même époque, éclatait dans le *Chen-si* l'insurrection des musulmans indigènes, qu'avaient exaspérés les injustices des mandarins. Villes et villages, tout fut par eux mis à feu et à sang. La vénération qu'ils professaient pour Mgr Chiais était telle que sur sa demande ils épargnèrent les chrétiens du Vicariat et même bon nombre de populations païennes. Et quand, enorgueillis par leur triomphe, ils songèrent à fonder un royaume musulman, leurs chefs, ne s'accordant pas entre eux, jetèrent les yeux sur le Prélat et à plusieurs reprises l'invitèrent sérieusement à accepter d'être leur roi.

Mgr Chiais, qui, à son entrée dans l'épiscopat, n'avait trouvé que peu d'églises dans son Vicariat, fit en sorte que chaque chrétienté eut sa chapelle et une demeure pour le missionnaire. Il fit construire un séminaire, et, après la guerre anglo-française contre la Chine, il put, grâce à l'intervention du ministre plénipotentiaire de France à *Péking*, rentrer en possession de l'ancienne résidence de la mission établie autrefois à *Si-ngan fou* et accaparée par le gouvernement chinois.

Comme son prédécesseur, il s'intéressa tout particulièrement à la formation de son clergé indigène. Son dévoué auxiliaire dans cette œuvre fut le Père Louis Martinelli de Saint-Just, franciscain de la province de la Marche. Envoyé en Chine par la Propagande en décembre 1838, il avait commencé par exercer le ministère apostolique pendant un an dans le *Hou-pé*. Il était ensuite passé dans le *Chen-si* où, après quelques années de missions, il fut nommé supérieur du séminaire indigène de *Tong-yuen fang* qu'il devait diriger durant 33 ans avec autant d'érudition que de piété. Étant allé visiter les chrétientés de *Han-tchong fou*, il fut arrêté à *Liou-pa ting* par le mandarin de l'endroit, le 19 juin 1860; il y fut incarcéré et enchaîné. De là transféré à *Han-tchong fou* puis à *Si-ngan fou*, il eut à y subir la prison et des privations de tout genre et à comparaître souvent devant ses juges : il partit de cette dernière ville le 22 novembre pour être conduit à *Canton* où il arriva le 18 mars 1861 : de *Han-tchong fou* à *Canton*, il avait passé par 65 villes; sa captivité avait duré neuf mois. Remis entre les mains du Consul français, il gagna *Hong-kong*, d'où peu après il retournait au *Chen-si*. Après avoir été pendant vingt ans Vicaire général de Mgr Chiais, il mourut le 9 avril 1883, à l'âge de 72 ans.

Le 31 mars 1867, Mgr Chiais, muni à cet effet de pouvoirs spéciaux du Saint-Siège, choisit pour coadjuteur et sacra évêque un de ses missionnaires, le P. Aimé Pagnucci, franciscain de Toscane, né le 10 décembre 1833 et arrivé au *Chen-si* en 1865.

Par Décret Pontifical du 21 mai 1878, la province du *Kan-sou* et la région Tartare du *Kou-kou-Nor*, qui jusque-là avaient fait partie du Vicariat du *Chen-si*, en furent séparées pour former un nouveau Vicariat confié à la Congrégation du Cœur immaculé de Marie, de Scheut-lez-Bruxelles.

Le *Chen-si* était à cette époque éprouvé par une épouvantable famine qui dura trois ans (1877-1879). Mgr Chiais s'ingénia alors pour venir en aide aux pauvres affamés, chrétiens ou païens, et leur procurer, avec le pain matériel, la nourriture et le réconfort spirituel de la Religion.

Après une vie pleine de mérites, ce vertueux prélat, que tous affectionnaient, fut frappé d'apoplexie et s'éteignit doucement le samedi saint 12 avril 1884, à l'âge de 76 ans, dont 37 d'épiscopat et 51 de missions.

Son coadjuteur, Mgr Aimé Pagnucci, lui succéda comme Vicaire Apostolique. En 1869 il était allé à Rome, où il prit part aux sessions du Concile du Vatican, et en 1880 il s'était rendu dans le *Chan-si*, en place de Mgr Chiais, au premier synode régional d'évêques, où furent élaborés de très utiles règlements pour le bien des missions.

CHAPITRE III

VICARIAT DU CHEN-SI SEPTENTRIONAL (1re PÉRIODE)

En 1885, quelques membres du Séminaire des Missions Étrangères établi à Rome par Pie IX sous le patronage des saints Apôtres Pierre et Paul, avaient été envoyés dans le *Chen-si* pour y prêter leur concours aux missionnaires franciscains du Vicariat.

Le 2 août 1887, un Bref Pontifical détachait du Vicariat du *Chen-si* les deux préfectures civiles de *Han-tchong fou* et de *Hing-ngan fou*, comprenant, la première, 13 sous-préfectures, la seconde, 8 sous-préfectures, séparées du reste de la province par une chaîne de montagnes, et les érigeait en Vicariat Apostolique, sous le nom de *Chen-si méridional*, qui fut attribué aux missionnaires dudit Séminaire des saints Pierre et Paul.

Les dix autres préfectures de la province formèrent dès lors le Vicariat du *Chen-si septentrional* qui resta confié à l'évêque et aux missionnaires franciscains.

Le 9 janvier de cette année 1887, Mgr Pagnucci avait conféré la consécration épiscopale au P. Pie Vidi, de Vérone, qu'à raison de son mauvais état de santé, il avait demandé et obtenu pour coadjuteur avec future succession.

Né en 1842, Mgr Vidi s'était signalé par son zèle apostolique dans le *Chen-si* où depuis 1866 il se livrait avec ardeur à l'œuvre du salut des âmes, d'abord comme missionnaire pendant de longues années dans le district de *Han-tchong fou*, ensuite comme Provicaire et supérieur du séminaire. Il avait en outre travaillé activement à la construction de la cathédrale de *Si-ngan fou*, et à la fondation d'orphelinats, d'églises nouvelles et de refuges pour les chrétiens en temps de persécution. Élevé à l'épiscopat, il déploya toutes ses forces à étendre le règne de J.-C. et à rétablir la discipline ecclésiastique. Les luttes qu'il eut à soutenir contre les rebelles, dans lesquelles il fut plusieurs fois exposé à la mort, et les labeurs incessants du ministère apostolique épuisèrent sa santé. Il dut, en 1899, aller se soigner en Italie. A peine sorti de maladie, il se remit en route pour regagner sa mission; mais son état s'étant aggravé durant la traversée, il lui fallut s'arrêter à Alexandrie d'Égypte : de là transporté à Malte, il y mourait, après six années de souffrances, le 28 août 1906.

Dès 1890, Mgr Pagnucci, qui avait considérablement agrandi l'orphelinat de *Tong-yuen fang*, en avait remis la direction aux Religieuses Franciscaines Missionnaires de Marie.

Son coadjuteur, Mgr Vidi, ayant, pour cause de santé, démissionné en 1900, il lui en était donné un nouveau, le 26 février de la même année, en la personne du P. Clément Coltelli, franciscain de Toscane, missionnaire du *Chen-si septentrional* depuis 1889.

Les bruits de persécution religieuse circulaient alors dans le Vicariat : on savait que les Boxeurs mettaient tout à feu et à sang. Le *Chen-si septentrional* n'eut cependant pas trop à en souffrir : mais il fut alors éprouvé par la peste et la famine.

Le jeune coadjuteur, Mgr Coltelli, décédait le 28 janvier 1901, victime de sa charité envers les pestiférés. Quatre jours après, le Vicaire Apostolique, Mgr Pagnucci, péniblement affecté par tant de malheurs, mourait à son tour, frappé d'apoplexie, le 1er février.

Le 22 avril suivant, le P. Pie Nesi, franciscain de Toscane, missionnaire du Vicariat depuis 1893, était, par Lettres Apostoliques, désigné pour lui succéder, mais quinze jours avant, il avait été emporté, lui aussi, par la peste.

Par Bref Pontifical du 23 janvier 1902, Mgr Odoric Ricci, franciscain de la province de Venise, né à Udine le 28 avril 1858, était nommé Vicaire Apostolique du *Chen-si septentrional*, où il était arrivé en 1889. Trois ans plus tard, au cours d'une visite pastorale, il gagnait par contagion une grave maladie à laquelle il succomba, le 23 mars 1905.

Il avait choisi pour Provicaire le P. Barnabé Nanetti, que nous avons vu au *Chan-si septentrional* (voir p. 98) et qui était passé dans le *Chen-si septentrional*, en mars 1903, à son retour d'Italie. Ce fut ce Père qui, à la mort de Mgr Ricci, gouverna le Vicariat, en qualité d'Administrateur apostolique, pendant plus d'un an. Il devait quitter cette mission en octobre 1906 pour rentrer une seconde fois en Italie.

Le nouveau Vicaire Apostolique fut Mgr Athanase Goette, franciscain de la province du S.-Cœur, dans les États-Unis d'Amérique, né le 11 avril 1857 à Paderborn (Allemagne). Il avait donné dans le *Chen-si*, où il travaillait depuis le 6 janvier 1883, de nombreux témoignages de son zèle pour la gloire de Dieu et le salut des âmes. Élu le 26 septembre 1905 Vicaire Apostolique du *Chen-si septentrional*, il recevait le 30 novembre suivant la consécration épiscopale dans sa ville natale. Rentré, en mai, dans sa mission, il y fonda à *Si-ngan fou* un grand hôpital à la tête duquel il plaça les sœurs Franciscaines Missionnaires de Marie. Il s'occupait d'établir dans son Vicariat beaucoup d'autres œuvres importantes quand, le 29 mars 1908, il fut enlevé par le typhus à l'affection de ses missionnaires et à la vénération de ses ouailles.

Le 1er août de la même année était désigné à sa place, comme Vicaire Apostolique, le P. Gabriel Maurice, franciscain de la province de St-Denis, en France, né le 10 octobre 1862 dans le diocèse de Nantes. Il était parti pour la Chine en décembre 1882, à destination du *Hou-pé oriental* : il n'avait alors reçu que les Ordres mineurs. Après trois ans de séjour à *Ou-tchang fou*, il en était parti pour le *Chen-si*, où il fut ordonné prêtre le 5 septembre 1886. Quelques années plus tard il y avait souffert persécution et avait été emprisonné à *Hou hsien* (C) pendant treize jours. Après s'être adonné avec ardeur au ministère apostolique des missions, il fut appelé à la charge de Directeur du séminaire. Il était Provicaire du Vicariat, quand le choix de Pie X l'éleva à l'épiscopat. Il fut sacré le 30 novembre 1908, dans la cathédrale de *Tche-fou* (*Chan-tong oriental*), par Mgr Schang, son compagnon de voyage en Chine. Il est le dix-neuvième successeur de Mgr Basile de Gemona qui fut en 1696 le premier Vicaire Apostolique du *Chen-si*.

CHAPITRE IV

VICARIAT DU CHEN-SI CENTRAL

Mgr Maurice, Vicaire Apostolique du *Chen-si septentrional*, ayant égard au grand éloignement où les nouveaux convertis se trouvaient de la résidence épiscopale de *Si-ngan fou* et à la difficulté des communications avec eux, demanda au Saint-Siège que son Vicariat fût divisé en deux. En conséquence, Pie X, par Lettres Apostoliques du 12 avril 1911, statuait que la partie Nord du Vicariat formerait un nouveau Vicariat Apostolique sous le nom de *Chen-si septentrional*, et que l'autre partie de l'ancien Vicariat appelé précédemment *Chen-si septentrional*, prendrait désormais le nom de *Chen-si central*, et continuerait à être confié à l'Ordre de St-François.

Le Vicariat du *Chen-si central* est composé de trois préfectures de premier ordre :

Si-ngan fou, la capitale, comprenant 19 sous-préfect
Tong-tchequ fou — 11 —
Fong-siang fou — 9 —

et de trois préfectures de deuxième ordre :

Chang tcheou, comprenant 5 sous-préfectures
Kien tcheou — 3 —
Pin tcheou — 4 —

Mgr Maurice, dont la résidence épiscopale était et est encore à *Si-ngan fou*, resta à la tête du *Chen-si central*, dont il est actuellement le Vicaire Apostolique.

ÉTAT ACTUEL DE LA MISSION (1913).

Vicaire Apostolique : Mgr Gabriel MAURICE, O. F. M.

Catholiques	28.516
Catéchumènes	2.022
Catéchumènes baptisés	368
Baptêmes d'enfants nés de parents chrétiens	489
Églises	174
Chapelles	27
Chrétientés	232
Missionnaires européens	10

Missionnaires chinois.	29
Sœurs Franciscaines Missionnaires de Marie. . . .	22
Élèves au grand séminaire	23
Élèves au petit séminaire.	52
Catéchuménats	4
Écoles de garçons : 30, avec 418 élèves.	
Écoles de filles : 5, avec 129 élèves.	
Hôpitaux pour les pauvres	4
Asiles pour les vieillards	2
Ateliers et ouvroirs.	9
Hôpitaux	2
Malades hospitalisés	2.604
Malades soignés	93.198
Confirmations.	310
Confessions annuelles	19.500
Confessions de dévotion	35 452
Communions annuelles.	18.964
Communions de dévotion.	98.227
Mariages célébrés.	238
Extrêmes-Onctions administrées	515

ŒUVRE DE LA SAINTE-ENFANCE.

Nombre d'enfants païens baptisés	4.535
— — — recueillis.	78
— — — en nourrice.	662
— — — confiés à des familles chrétiennes	23
Orphelinat de garçons : 1, avec 35 orphelins.	
Orphelinat de filles : 1, avec 316 orphelines.	
Enfants païens baptisés.	1.138
Adultes païens baptisés.	68
Pharmacies	2

CHAPITRE V

VICARIAT DU CHEN-SI SEPTENTRIONAL (2e PÉRIODE)

Le nouveau Vicariat du *Chen-si septentrional* fut érigé le 12 avril 1911 par Lettres Apostoliques de Pie X dont voici la teneur :

« Ce n'est pas sans une grande consolation que Nous avons constaté qu'en ces dernières années les missionnaires de l'Ordre des Frères Mineurs, qui exercent avec activité et avec succès le Ministère Apostolique dans le Vicariat du *Chen-si septentrional*, se sont mis à cultiver les régions boréales et montagneuses de ladite Mission avec le zèle dont ils sont animés pour le salut des âmes ; et la divine Providence a si bien couronné leurs efforts que des contrées éloignées et presque inhospitalières possèdent un nombre déjà considérable de chrétiens. Comme le très judicieux Prélat de cette mission, le Vénérable Frère Gabriel Maurice, de l'Ordre des Frères Mineurs, Évêque titulaire de Lesbit, prenant particulièrement en considération l'éloignement où les nouveaux convertis sont de sa résidence, en même temps que la grande difficulté des voies de communication, a adressé d'instantes prières au Saint-Siège, en vue de demander la disjonction des régions boréales de ce Vicariat, et leur érection en Vicariat distinct, Nous avons, après étude sérieuse, jugé devoir remettre la négociation de cette affaire à nos Vénérables Frères les Cardinaux de la Sainte Église Romaine préposés à la Propagation de la Foi. Afin donc de pourvoir davantage, en augmentant le nombre des Pasteurs, à la garde du troupeau devenu plus considérable, de Notre propre mouvement et de science certaine, après mûre délibération de Notre part, et après avis de Nos Frères susmentionnés, Nous statuons et Nous publions en vertu de Notre Autorité Apostolique par les présentes lettres les dispositions qui suivent.

« Nous séparons entièrement du Vicariat Apostolique du *Chen-si septentrional* deux préfectures civiles de premier ordre, dites *Fou*, savoir *Yu-lin fou* avec quatre sous-préfectures appelées *Hsien* et une autre dénommée *Tcheou*; et *Yen-ngan fou* avec ses dix sous-préfectures; de plus deux préfectures civiles de deuxième ordre (*Tcheou*),savoir *Sui-té tcheou*, avec ses trois sous-préfectures (*Hsien*) et *Fou tcheou* comprenant également trois sous-préfectures.

« Cette région ainsi constituée, comme il conste d'après la carte géographique, Nous l'érigeons en Vicariat Apostolique distinct qui aura son propre Évêque; et à ce nouveau Vicariat Apostolique Nous donnons le nom de *Chen-si septentrional*; quant à l'ancienne Mission du *Chen-si septentrional*, ainsi amoindrie de sa région boréale, elle portera la dénomination de *Chen-si central*.

« Enfin Nous confions la charge du nouveau Vicariat à l'Ordre des Frères Mineurs si grandement méritant pour son activité à propager la foi dans ces contrées. Nous ordonnons donc ces choses en décrétant que Nos présentes Lettres soient et demeurent toujours fermes, valides et efficaces, etc.

« Donné à Rome, près S. Pierre, sous l'anneau du Pêcheur, le 12 avril de l'année 1911, la huitième de Notre Pontificat.

« R. Card. Merry del Val, *Secrétaire d'État.* »

Par Bref Pontifical du même jour (12 avril 1911) Mgr Célestin Ibañez, franciscain de la province de S.-Jacques en Espagne, né le 19 mai 1873, d'abord missionnaire au *Chan-tong septentrional* où il était arrivé en 1901 et passé dans l'ancien Vicariat du *Chen-si septentrional* en 1906, fut nommé premier Vicaire Apostolique du nouveau Vicariat du *Chen-si septentrional*, dont il a encore présentement la charge. Il a fixé sa résidence épiscopale à *Yen-ngan fou*.

Deux ans plus tard il devait faire une perte cruelle en la personne du P. François Bernat, l'un de ses plus zélés et plus estimés missionnaires. Une insurrection avait éclaté à la suite des prohibitions sévères édictées contre l'opium par le gouvernement chinois : question purement politique à laquelle les missionnaires restèrent complètement étrangers et ne prêtèrent nulle attention.

Le 13 juin 1913 le P. François partait de sa résidence principale avec un domestique pour se rendre à une autre chrétienté de son district. Ils avaient à peine fait douze kilomètres qu'ils se virent entourés d'insurgés. Ils se rendirent immédiatement compte du danger qu'ils couraient. Le serviteur chinois, ayant sauté à bas du mulet sur lequel il chevauchait, est frappé à mort d'un formidable coup de coutelas. Le Père sur lequel les révoltés se sont précipités, lui tranchant de leur glaive des doigts de la main gauche, descend alors, lui aussi, de sa monture, s'agenouille et se recommande à Dieu les bras en croix : un violent coup de sabre lui étant asséné, il tombe à terre ; les barbares aussitôt de le lapider, de lui briser les côtes et de lui couper la tête, qu'ils portèrent dans une pagode. Quant à son corps, après l'avoir dépouillé de ses vêtements, on le jeta dans un cloaque en pâture aux chiens.

Quatre jours plus tard, un autre chrétien était également massacré non loin de là en haine de la foi.

Le P. François Bernat, franciscain espagnol de la

province de Catalogne, exerçait depuis cinq années le ministère apostolique, dans le Vicariat du *Chen-si septentrional.* Il était âgé de 37 ans.

ÉTAT ACTUEL DE LA MISSION (1914).

Vicaire Apostolique : Mgr Célestin IBAÑEZ, O. F. M.

Catholiques	1.518
Catéchumènes	2.506
Baptêmes d'adultes	69
Baptêmes d'enfants nés de parents chrétiens	87
Églises et chapelles	18
Chrétientés	22
Missionnaires prêtres européens	15
Frères lais européens	2
Catéchistes	10
Écoles de garçons : 5, avec 62 élèves.	
École de filles : 1, avec 30 élèves.	
Collège pour les jeunes gens : 1, avec 9 élèves.	
Confirmations	7
Confessions annuelles	782
Confessions de dévotion	2.419
Communions pascales	666
Communions de dévotion	4.561
Mariages célébrés	10
Extrêmes-Onctions administrées	21

ŒUVRE DE LA SAINTE-ENFANCE.

Baptiseurs	11
Enfants de païens baptisés	68
Petites filles recueillies cette année	12
— — placées en nourrice	55
— — adoptée par des familles chrétiennes	1

LIVRE V

LE HOU-PE[1]

(Pl. VIII, IX et X)

CHAPITRE PREMIER

NOTIONS PRÉLIMINAIRES

Superficie. — 185 000 kilomètres carrés.

Nombre des habitants. — 35 280 000 habitants, soit 190 par kilomètre carré.

1. Le *Hou-pé* et le *Hou-nan* ne formaient jadis qu'une seule province, le HOU-KOANG. C'est sous *Kang-hi* qu'elle fut divisée en deux. Ces deux provinces sont maintenant administrées par un seul Vice-Roi qu'on appelle Vice-Roi du *Hou-koang* ou du *Liang-hou* et qui réside à *Ou-tchang fou.*

Ces deux provinces, situées au centre des 18 provinces, ont ceci de commun que toutes deux s'abaissent vers le *Yang-tse-kiang*, que toutes deux ont leurs lacs et leurs plaines. Toutes deux ont leur grande rivière pénétrant profondément dans l'intérieur : le *Han-kiang* pour le *Hou-pé* et le *Sian-kiang* pour le *Hou-nan*. Toutes deux ont également leur partie la plus montagneuse à l'O. et, pour toutes deux, le *Yang-tse-kiang* sert de point de jonction.

Mais, par ailleurs, bien des traits les distinguent. Le *Hou-pé* n'a, dans sa partie basse, que des lacs de médiocre étendue : un grand lac s'étend à la limite du *Hou-nan*. Le

Nom. — Hou-pé veut dire *Nord du lac.* Il s'agit du lac *Tong-ting.*

Limites. — Au N., le *Ho-nan* et le *Chen-si;* à l'O., le *Chen-si* et le *Su-tchuen* ; au S., le *Hou-nan* et le *Kiang-si* ; à l'E., le *Ngan-hoei.*

La Capitale. — Ou-tchang fou (O)[1], sur la rive droite du *Yang-tse-kiang*, en face de l'embouchure du *Han-kiang.*

Autres Préfectures. — Il y en a neuf qui sont :

Au N., en descendant le *Han-kiang* (*Han-ho*) :

1° Yun-yang fou (S) ; — 2° Siang-yang fou (S) ; — 3° Ngan-lou fou (O).

A l'E. de *Ngan-lou fou* : 4° Te-nganfou (O) (sur la carte *Ngan fou*).

En descendant le *Yang-tse-kiang* : 5° I-tchang fou

Hou-pé a sa grande plaine, presque aussi étendue que les parties montagneuses : le *Hou-nan*, sauf les bords de son grand lac, est tout en montagnes. Le *Hou-pé* est riche surtout de son industrie, de son commerce, de son coton et de son riz : le *Hou-nan* l'est de sa houille, de son thé, de ses forêts. *Hou-nan* et *Hou-pé* sont en relations avec le *Su-tchuen* et avec les régions du bas *Yang-tse-kiang*, mais, par ailleurs, le *Hou-pé* est surtout en communication avec la région du Nord et le *Hou-nan* avec celle du Sud.

1. Au point de vue ecclésiastique, la province du *Hou-pé* est divisée en trois Vicariats Apostoliques : le *Hou-pé nord-ouest*, le *Hou-pé oriental* et le *Hou-pé méridional.* Tous les trois sont évangélisés par les Frères Mineurs. Pour faciliter les recherches sur les cartes, nous avons fait suivre le nom des villes des initiales *S, O* ou *M* selon qu'elles appartiennent au *Hou-pé N.-O.*, *oriental* ou *méridional.*

(M) ; — 6° KIN-TCHEOU FOU (M) ; — 7° HAN-YANG FOU (O) ; — 8° HOANG-TCHEOU FOU (O).

Au S.-O. : 9° CHI-NAN FOU (M).

Il y a, de plus, un *tcheou* indépendant : KING-MEN TCHEOU (M).

Aspect et caractéristiques. — Une longue province s'étendant de l'O. à l'E., assez étroite, où le *Yang-tse-kiang* se précipite d'abord par des rapides, où il serpente ensuite avec une pente peu accentuée. Une belle rivière vient s'y jeter à l'O. : c'est le *Han-kiang* (*Han-ho*). Entre les deux cours d'eau, à partir de *Kin-tcheou fou* (M), un pays couvert de lacs, de marécages, mais aussi de magnifiques champs de coton, de riz, de pavots. Après *Han-keou* (O), les montagnes enserrent de plus en plus le fleuve à mesure qu'il s'avance vers l'E. — Au confluent du *Han-kiang* et du *Yang-tse-kiang*, se trouve un centre naturel, merveilleusement situé, grand centre d'attraction, grand centre de distribution. Comme les plus grands vapeurs y remontent, toutes les provinces centrales de la Chine trouvent là, en même temps qu'un débouché pour leurs richesses, le principal centre de leurs approvisionnements. Trois grandes villes s'y développent sans cesse, n'en formant pour ainsi dire qu'une. Nous l'avons appelée jusqu'ici et continuerons de l'appeler, du nom de la plus active et de la plus peuplée : *Han-keou*.

Relief. — Au N., deux branches du KOEN-LUEN oriental enserrent le *Han-kiang* : sur sa gauche, continuation du Fou-nieou-chan, le Hoai-long-chan et le Hoai-yang-chan, dit aussi Mouling. Cette dernière chaîne, d'une hauteur moyenne de 900 mètres, s'abaisse lentement vers le *Hou-pé*, et présente plusieurs passages faciles, dont un, celui de *Han-keou* à *Sin-yang tcheou* (*Ho-nan*), est emprunté par le chemin de fer de *Han-keou* à *Péking*.

Sur la droite, continuation du Min-chan, le Ta-pa-chan ou Kieou-tiao-chan s'élève à 3 500 mètres. — L'Ou-tang-chan, sur la rive droite de *Han-kiang*, s'élève à 2 500 ou 3 000 mètres.

A l'O., un ensemble assez confus de montagnes, allant parfois jusqu'à 1 200 mètres, prolongement du plateau de Koei-tcheou, que nous appellerons *Monts de Chi-nan fou* (M) du nom de la principale ville qui s'y trouve.

Le reste n'est qu'une immense plaine, haute d'environ 30 mètres au-dessus du niveau de la mer, de quelques mètres seulement au-dessus des basses eaux du fleuve : à peine quelques buttes, quelques collines.

Climat. — Il est sensiblement le même qu'à *Chang-hai* avec ses hivers presque doux, ses neiges rares et peu durables; son vent du N.-O., l'hiver, du S.-E., l'été; sa chaleur humide et malsaine, l'été; sa belle période d'automne. La brise de mer y manque aussi l'été pour rafraîchir l'air. Les nuits d'été y sont parfois presque aussi chaudes que les journées.

Hydrographie. — Deux cours d'eau principaux l'arrosent : le *Yang-tse-kiang* et son affluent le *Han-kiang*.

I. Le YANG-TSE-KIANG (Fleuve bleu), naît au *Tibet*, se dirige vers l'E., fait un premier coude au S. du *Su-tchuen*, deux autres coudes S. moins importants à l'O. et à l'E. d'*Han-keou*, et, après un dernier coude N. près de *Nan-king*, se jette dans la mer de Chine Orientale au N.-E. de *Chang-hai*. On peut distinguer, dans son cours, trois parties principales: la première torrentueuse, la seconde semi-navigable et la troisième navigable.

1° La partie *torrentueuse*. Elle va depuis sa source jusqu'à *Ping-chan hsien*, un peu en amont de *Siu-tcheou fou* (province du *Su-tchuen*). A cette dernière ville, il n'est plus qu'à 300 mètres d'altitude (il était à 4798 mètres d'altitude à la ville de *Sogon-Gomba*). Il a parcouru plus de 2000 kilomètres, et il lui en reste encore à faire près de 3000. Un rapide qu'on dit infranchissable précède *Ping-chan hsien*. Dans toute cette partie, le fleuve n'est navigable que par biefs.

2° La partie *semi-navigable*. Elle va de *Ping-chan hsien* à *I-tchang-fou* (province du *Hou-pé*). A partir de *Wan hsien* (*Kiong-tcheou fou*, province du *Su-tchuen*), le fleuve est arrêté par les montagnes du *Ta-pa-chan* qui forment la limite N.-E. du *Su-tchuen*. N'ayant plus une pente aussi forte, il devient navigable, sauf dans la région des rapides.

Jusqu'à *Koei-tcheou fou* (province du *Su-tchuen*) le fleuve a de 500 à 600 mètres de large; mais après, il se resserre et coule entre deux rangées de hauteurs, n'ayant plus que de 2 à 300 mètres de large, pour s'élargir bientôt de nouveau jusqu'aux gorges d'*Ou-chan hsien* (prov. du *Su-tchuen*).

Les rapides se succèdent nombreux. Un des plus violents est entre *I-tchang fou* (M) et *Pa-tung hsien* (M). Si ces rapides se franchissent vite à la descente, ce n'est pas sans danger, pour trois ou quatre, et la montée, plus pénible, très lente, est plus dangereuse encore. A la saison des eaux moyennes (printemps et automne), et surtout en hiver, ils deviennent plus faciles à franchir et l'on peut monter en quelques jours d'*I-tchang fou* à *Tchong-king fou* (prov. du *Su-tchuen*).

A *I-tchang fou*, le fleuve n'est plus qu'à 41 mètres d'altitude, il a fait 3500 kilomètres depuis sa source; il lui reste encore 1550 kilomètres à parcourir avant de se jeter dans la mer. C'est dans cette partie que sont les crues les plus élevées, atteignant parfois jusqu'à 30 mètres au-dessus de l'étiage.

3° La partie *navigable*. Elle va de *I-tchang fou* à la mer. Dans cette dernière partie de son cours, le fleuve fait deux coudes au S. : le premier au N. du lac *Tong-ting* (*Hou-nan sept.*); le second, au N. du lac du *Po-yang* (*Kiang-si*).

Devenu fleuve de plaine, le *Yang-tse-kiang* a une pente beaucoup moins forte et se traîne en faisant de nombreux circuits, — surtout de *I-tchang fou* à *Han-keou*, dans un pays plat, couvert de lacs et de marais sur lesquels il étend ses eaux lors des crues.

Dans toute cette partie, le fleuve est d'une navigation facile et les gros vapeurs peuvent le remonter jusqu'à *Han-keou*. Il y reçoit quatre grands affluents : un sur la gauche, le HAN-KIANG; trois sur la droite : le YUEN-KIANG et le SIANG-KIANG qui lui apportent tous deux leurs eaux par le lac *Tong-ting*, et le KAN-KIANG qui lui envoie ses eaux par le *Po-yang*. Toutes ces rivières sont navigables.

Le fleuve, dans toute cette dernière partie, a souvent plusieurs kilomètres de largeur et de 10 à 20 mètres de profondeur.

A son embouchure, où il est séparé en deux branches par l'île de *Tsong-ming*, il a jusqu'à 30 kilomètres de large, de la pointe du *Hai-men* à l'embouchure du *Hoang-pou*; 100 kilomètres, si l'on compte de la pointe du *Hai-men* à la pointe du *Pou-tong*. Les crues d'été le font monter à 10 mètres et plus au-dessus de son niveau d'étiage, couvrant ses rives trop basses : des navires calant 7 à 8 mètres peuvent, à cette époque de l'année, le remonter jusqu'à *Han-keou*.

Tout près de son embouchure, il reçoit à sa droite le *Hoang-pou*, la rivière de *Chang-hai*, dont les eaux pénètrent, à mer haute, dans une infinité de canaux et rendent faciles les communications dans toute la région voisine.

A son embouchure, le fleuve est gêné par des bancs de sable qui ne laissent, à mer basse, que 4 à 5 mètres de profondeur ; à mer haute, les plus gros vapeurs peuvent entrer.

A partir de là : de l'embouchure à *Han-keou* : service régulier par de gros bateaux à vapeur; durée de la traversée : trois jours ; grâce au balisage et à l'éclairage des endroits les plus difficiles, le voyage se fait de jour et de nuit.

De *Han-keou* à *I-tchang fou*, le cours est gêné par des bancs de sable : les bateaux ne peuvent caler, en hiver, plus de 2 mètres. Durée de la traversée : quatre jours, par bateaux à vapeur. Le voyage se fait de jour seulement.

De *I-tchang fou* à *Tchong-king fou*, le voyage se fait par jonques halées; durée du voyage : de vingt à quarante jours.

De *Tchong-king fou* à *Siu-tcheou fou*, le voyage se fait par grandes jonques et dure encore vingt jours.

A la descente, le voyage se fait avec une rapidité qui varie, suivant le courant du fleuve. En jonques, on fait alors en trois jours, et moins, ce qu'il a fallu vingt jours à faire à la montée. En vapeurs, la différence est moins sensible, mais la montée demande souvent le double de temps mis à la descente.

II. Le HAN-KIANG (ou *Han-ho*, *Han-choei*), naît dans le *Chen-si*. Il devient navigable, en temps de crue et pour la petite batellerie, au-dessus de *Han-tchong fou* (Vicariat du *Chen-si méridional*), mais, dans tout le *Chen-si*, il est obstrué par des rapides et sa navigation est difficile et dangereuse. Il ne devient vraiment navigable qu'à *Lao-ho-keou* (*Hou-pé N.-O.*) : des vapeurs pourraient le remonter jusque-là. Il ne tarde pas à s'élargir, atteignant jusqu'à 800 m. Dans la suite, il est vrai, il se rétrécit et n'atteint plus que 60 m. de large aux basses eaux, à son embouchure.

Le *Han-kiang* reçoit, à gauche, deux affluents, importants tous deux, surtout le second. Ce sont : le *Tan-kiang* qui lui vient du *Chen-si central*, en amont de *Lao-ho-keou*, et le *Pé-ho*, grossi du *Tang-ho* qui lui vient du *Ho-nan*.

III. Les LACS. — Tout un système de lacs s'égrène entre le *Han-kiang* et le *Yang-tse-kiang*, plus ou moins étendus suivant la saison, unis entre eux par un réseau de rivières. Des flottes de petites jonques et de barques y naviguent sans cesse et le poisson y abonde.

Richesses agricoles. — Surtout du coton, du riz, du blé et du thé. Le coton se cultive principalement dans la basse plaine du *Han-kiang*. Son principal centre de production est *Mien-yang tcheou* (O). *Hoang-tcheou fou* (O) produit aussi un coton qui est très prisé au *Su-tchuen*. Le riz ne se cultive guère dans la vallée du *Han-kiang*, sauf dans certains endroits mieux exposés. — Sur les montagnes à l'O. du *Han-kiang*, on cultive des champignons dits *Touo-eul-tse* (oreilles) d'un prix élevé et qui se vendent dans tout l'empire.

Richesses minérales. — Peu importantes, sauf celles du S. de *Ou-tchang fou* (O), où l'on exploite la houille, le fer et la castine. Ailleurs, on trouve aussi du fer, du zinc, du cristal de roche. La plus grande partie de la houille utilisée dans la province vient du *Hou-nan*. On lave de l'or dans les eaux du *Han-kiang*, en faible quantité.

Population. — Elle est pressée dans la plaine. Les gens du *Hou-pé* sont doux et paisibles, adonnés, pour le plus grand nombre, à l'agriculture ou à la pêche.

Langue. — Rien de spécial. On y parle le mandarin.

Villes et centres principaux. — LE CENTRE DE HAN-KEOU. — Il est formé de trois villes : l'une sur la rive droite du *Yang-tse-kiang*, c'est OU-TCHANG FOU, la capitale de la province ; les deux autres sur la rive opposée : HAN-KEOU sur la rive gauche du *Han-kiang*, HAN-YANG FOU sur la rive droite.

OU-TCHANG FOU (O). — 500 000 hab. Grande ville murée, bien bâtie, habitée surtout par des fonctionnaires. Là réside le vice-roi du *Hou-koang*. La ville possède une école militaire et une école d'agriculture.

HAN-KEOU (O). — 850 000 hab. La ville est administrée par un magistrat spécial. Un *Tao-tai* y réside, qui est aussi intendant de la douane. Outre le quartier chinois, la ville possède plusieurs concessions (anglaise, russe, française, japonaise). C'est la plus commerçante des trois cités. Le fleuve y a 1 200 m. de largeur et les plus gros vapeurs peuvent aborder à ses quais. Elle communique directement ou indirectement avec les voies fluviales les plus importantes de l'empire. Par le *Yang-tse-kiang* et le *Han-kiang* lui arrivent : riz, sésame, tabac, suif végétal, porcelaine, peaux, papier, plantes médicinales, thé, charbon. Le musc et les fourrures lui viennent du *Tibet* ; le pétrole d'Amérique, de Russie, de Sumatra ; les cotonnades, les filés de coton, le sucre, de *Hong-kong* ; l'opium, du *Su-tchuen*, de même que les soieries. Son principal objet d'exportation est le thé, qui lui provient pour les deux tiers du *Hou-pé* et du *Hou-nan*, et pour un tiers du *Kiang-si* ; elle l'envoie surtout en Russie.

HAN-YANG FOU (O). — 400 000 hab. En réalité *Han-*

yang fou est à deux km. de là, mais de plus en plus la ville aux bords du *Han-kiang* tend à en prendre le nom. Ville surtout industrielle. Elle a ses forges, ses hauts fourneaux, ses fonderies qui fournissent en grande partie le matériel du chemin de fer de *Han-keou* à *Péking*. Elle a aussi sa manufacture d'armes, ses filatures de coton et de soie, ses grands chantiers de bois de construction.

Le long du *Yang-tse-kiang*, en le descendant :

I-TCHANG FOU (M). — 45 000 hab. Port commercial, situé au bas des rapides du *Yang-tse-kiang*. Cette position lui donne de l'importance, et comme entrepôt et comme lieu de transbordement.

SHA-SI (M). — 80 000 hab. Grand entrepôt commercial, dont les quais occupent, sur la rive gauche du fleuve, une longueur de 3 ou 4 kilomètres. C'est comme le port de *Kin-tcheou fou* et le grand marché du coton dans cette région.

HOANG-TCHEOU FOU (O).

Sur le *Han-kiang*, en le descendant :

LAO-HO-KEOU (S). — Port et marché considérable. Il doit son importance à ce que la navigation facile y commence et à ce qu'il est à la bifurcation de deux voies, l'une venant du *Chen-si méridional* par le *Han-kiang*, l'autre du *Chan-si* par le *Tan-kiang*.

SIANG-YANG FOU (S). — Doit son importance à sa situation au confluent du *Han-kiang* et du *Pé-ho*, rivière par où se fait un grand commerce avec le *Ho-nan*. Elle est aussi moins importante, du reste, que les villes situées sur l'autre rive du *Han-kiang* : LONG-

KIN, le port situé à l'embouchure du *Pé-ho* et FAN-TCHENG, où se tiennent de forts marchés et où sont établies nombre de petites manufactures (soieries, fabriques de rubans, travaux en ivoire et en os).

Industrie et commerce. — Outre les industries déjà signalées, l'industrie du coton mérite une mention spéciale. Il n'est guère d'habitation au *Hou-pé* où l'on ne tisse la toile de coton pour l'exportation. Le commerce se fait surtout par *Han-keou*. Sur le *Han-kiang*, ce qui domine comme objet d'importation, ce sont la houille et le bois de construction, les deux venant du *Hou-nan*. L'exportation de coton brut au *Su-tchuen* est considérable.

(L. RICHARD, S.J., *Géographie de l'Empire de Chine.*)

CHAPITRE II

HISTOIRE RELIGIEUSE DU HOU-KOANG

Les provinces actuelles du *Hou-pé* et du *Hou-nan* ne furent constituées en deux provinces distinctes par le gouvernement chinois qu'aux commencements du XIXe siècle. Avant cette époque elles formaient une seule province désignée sous le nom de *Hou-koang* qui fera tout d'abord l'objet de cette notice.

La Religion chrétienne fut-elle introduite dès ses origines dans le *Hou-koang* par l'Apôtre S. Thomas ou par ses disciples? Cette province presque toute en plaines, traversée par des lacs et de nombreux cours d'eau, qui, à raison de sa richesse et de sa fertilité, a été nommée « le grenier de l'empire », était en grandes relations de commerce avec les provinces méridionales de la Chine, où ces ouvriers évangéliques portèrent les lumières de la foi : il serait bien surprenant qu'elle n'en ait pas subi l'influence.

Les croix trouvées, l'une dans le *Kiang-si*, les autres dans le *Fo-kien*, dont les dates d'érection vont du IIIe au VIIe siècle, établissent l'existence du Catholicisme à ces époques dans ces deux provinces. On en peut légitimement déduire que par suite de leur négoce avec elles, les commerçants du *Hou-koang* durent alors y avoir connaissance de la religion chrétienne et l'implanter dans leur pays.

Dès 635, comme nous l'apprend le monument de *Si-ngan fou*, de nouveaux missionnaires s'établissaient dans la capitale du *Chen-si* (voir livre IV, chap. II, page 116). Eux et leurs successeurs propagèrent avec grand succès le Catholicisme non seulement dans cette province, mais encore dans toute l'étendue de l'empire, donc sans nul doute dans le *Hou-koang* limitrophe du *Chen-si*.

Dans les premières années du XIVe siècle, l'archevêque franciscain de *Péking*, Jean de Mont-Corvin, envoie des missionnaires de son Ordre dans les différentes parties de la Chine et fonde un évêché au port très commerçant de *Tsiuen-tcheou*, dans le *Fo-kien*. Des résidences de franciscains et des chrétientés très florissantes sont établies dans de grandes villes de commerce. Le *Hou-koang* ne pouvait rester étranger à l'apostolat si fécond des Franciscains dans l'empire chinois durant ce siècle. (Voir livre I, chap. III).

La dynastie alors régnante, qui seconda si puissamment les efforts des religieux de l'Ordre de Saint-François, ayant été renversée, le Catholicisme reçut un funeste contre-coup de cette chute.

Il ne s'en releva que dans les commencements du XVIIe siècle. Vers 1636, le P. Antoine de Govéa, jésuite, résidant à *Péking*, était invité par quelques lettrés chrétiens, originaires du *Hou-koang*, qui dans la capitale avaient été convertis à la foi, à se rendre dans cette province : il les y accompagna à leur retour dans leur pays, et il reprit l'évangélisation de la contrée, que poursuivirent dans la suite d'autres missionnaires de son Institut.

Le 15 octobre 1696, le *Hou-koang* fut érigé en Vicariat Apostolique, et comme premier Vicaire Apostolique fut en même temps désigné Mgr Jean-François Nicolai de Leonissa, franciscain italien arrivé en Chine avec ses deux illustres confrères Mgr Bernardin della Chiesa et le P. Basile de Gemona. Il avait jusque-là partagé leurs travaux apostoliques, et il était Vicaire général de Mgr Grégoire Lopez, le premier évêque chinois que l'Église ait jamais eu (voir livre II, chap. II, *Chan-tong*, p. 35), quand Innocent XII l'éleva à l'épiscopat, en même temps que Mgr Basile de Gemona placé à la tête du nouveau Vicariat du *Chen-si*.

Mgr Nicolai de Leonissa fut Vicaire Apostolique du *Hou-koang* jusqu'en 1703. Il partit de sa mission afin d'aller informer le Saint-Siège sur les questions importantes intéressant alors l'Église de Chine. Arrivé à Rome, il s'employa avec grande érudition à éclairer complètement la S. Congrégation au sujet des controverses soulevées par la question des rites chinois idolâtriques. Il demeura dès lors dans la Ville éternelle, où il fut promu à la dignité d'archevêque et de vicaire du Chapitre de Saint-Pierre.

Le légat du Saint-Siège en Chine, le cardinal de Tournon, lui donna pour successeur le P. Claude de Visdelou, jésuite français, que, dans un but scientifique et religieux, Louis XIV, en 1685, avait fait envoyer à *Péking*, et qui y était arrivé en février 1688. Le légat le sacra lui-même le 2 février 1709 et fit approuver cette élection par le pape Clément XI. Mais Mgr de Visdelou, chassé peu après de Chine, ne put gagner le *Hou-koang*; il dut se retirer dans les Indes et mourut à Pondichéry le 11 novembre 1737.

A sa place, le P. Jean-Baptiste de Serravalle, missionnaire franciscain du *Chen-si*, fut chargé par la Propagande d'administrer le Vicariat du *Hou-koang* en qualité de Provicaire apostolique. Grâce à son zèle et à celui de ses confrères, les conversions s'y multiplièrent, et nous savons qu'à cette époque, rien que dans le bourg de *Péchuen*, à quelques lieues de *Han-keou*, on comptait près de 3 000 chrétiens.

Après avoir évangélisé le *Hou-koang* plusieurs années, le P. Jean-Baptiste qui se trouvait encore dans cette mission malgré la persécution générale de 1724, et n'en avait pas encore été expulsé, fut frappé d'apoplexie en 1725 et rendit à Dieu son âme chargée de mérites.

En 1716 M. Jean Mullener, lazariste, allemand de nation, envoyé en 1697 par la Propagande en Chine, avait été choisi comme Vicaire Apostolique du *Sutchuen* où il missionnait; il avait été en même temps investi des fonctions d'administrateur du *Hou-koang*. Dans cette dernière province il parvint avec le temps à acquérir une petite résidence. Mais, enveloppé dans les mesures de persécution édictées en 1724, il lui fallut prendre le chemin de l'exil et gagner *Canton*. Plus tard, bravant tout danger, il retourna dans son ancienne mission, et y ordonna trois prêtres chinois. Il mourut le 17 décembre 1742, à l'âge de 69 ans.

Le Vicariat du *Hou-koang*, étant resté un certain temps sans évêque, fut en 1762 rattaché au Vicariat du *Chen-si* et *Chan-si*, sous la juridiction de Mgr Magi de Dervio et de ses successeurs franciscains, jusqu'en 1838, où il en fut détaché pour être reconstitué en Vicariat Apostolique : durant cette période son histoire religieuse se confond dès lors avec celle du *Chen-si*. Nous n'y reviendrons pas; nous parlerons seulement des missionnaires qui, dans ce laps de temps, ont évangélisé surtout le *Hou-koang*.

La persécution religieuse, qui sévissait de façon plus ou moins intermittente depuis le milieu du XVIIe siècle, redoubla d'intensité en 1784 par suite de l'arrestation de quatre missionnaires franciscains dans le *Hou-koang*. Ils furent chargés, au cou, aux mains et aux pieds, de lourdes chaînes reliées par une barre de fer, et dirigés sur *Péking*.

M. Raux, supérieur des missionnaires lazaristes établis à la capitale, écrit à ce sujet :

« La prise des quatre missionnaires dans le *Hou-koang*, arrivée l'an 1784, a entraîné la prise de tous les missionnaires du *Chen-si*, *Chan-tong* et *Su-tchuen*. Les prêtres chinois ont été condamnés à un exil perpétuel dans la Tartarie. Les missionnaires européens ont été conduits dans les prisons de cette capitale, au nombre de dix-huit, y compris M. de Torre et deux franciscains du *Kiang-si*. De ce nombre il en est mort six dans les chaînes: deux évêques, le nouveau et l'ancien Vicaire Apostolique du *Chen-si*, M. de Torre, procureur de la Propagande à *Canton*, le P. Atho, franciscain italien et deux Français, MM. Devaut et Delpont, des Missions Étrangères. Nous avons pourvu à leur subsistance le plus tôt qu'il nous a été possible, et l'on n'a épargné aucune dépense pour cela.

« Lorsque l'empereur revint de Tartarie, nous allâmes à sa rencontre; il nous reçut avec un air de bonté qui nous donna des espérances. Elles ne furent pas vaines, car le 10 de ce mois (novembre 1785), les douze missionnaires qui restaient au *Sing-pou* (prison du Tribunal des crimes) furent délivrés par un édit de l'empereur qui leur permet de demeurer dans les églises de *Péking*, ou de s'en retourner. »

L'édit impérial fut ainsi libellé : « Comme le P. Jean et d'autres européens étaient entrés ci-devant dans les terres de leur propre chef, pour y prêcher la religion, ils ont été reconnus et arrêtés dans la province du *Hou-koang*, et par le moyen des recherches exercées, on a découvert dans les provinces de *Péking*, *Chan-tong*, *Chan-si*, *Chen-si*, *Su-tchuen*, etc., d'autres criminels qui y prêchaient également leur religion. La cause de chacun d'eux a été déférée dans les différentes provinces au tribunal souverain des causes criminelles, chargé après examen de les juger. On les a condamnés seulement à une prison perpétuelle, parce que l'intention de ces criminels était de prêcher uniquement la religion sans machiner de complots... Maintenant à la vue de ces criminels reconnus comme étrangers ignorants de nos lois, qui sont sous le coup d'un arrêt cruel, je me sens touché de compassion. Aussi accordant une nouvelle grâce au P. Jean et aux autres coupables, ses confrères, au nombre de douze, j'ordonne leur mise immédiate en liberté. Si quelques-uns d'entre eux veulent rester à *Péking*, je permets qu'on les conduise incessamment dans les églises de la capitale pour y exercer en sécurité leurs fonctions. S'ils veulent retourner en Europe sur notification faite au tribunal, un mandarin sera désigné pour les conduire dans la province de *Canton*. Je veux bien accorder cette grâce, qui est au-dessus des lois, pour manifester ma clémence envers les étrangers des pays éloignés. — Qu'on respecte ces ordres ! »

Des douze missionnaires remis en liberté, Mgr de Saint-Martin et M. du Fresse, des Missions Étrangères de Paris, étaient missionnaires du *Su-tchuen*; les dix autres appartenaient à l'Ordre de St-François : c'étaient les PP. Jean de Sassari (Sardaigne) mentionné dans le décret de libération, Joseph de Bientina, Louis Landi de Signa, et Jean-Baptiste de Mandello, originaire de l'île de Candie, missionnaires du *Hou-koang*; Vincent d'Aquila, missionnaire du *Chan-si*; Marien de Norma, Crescent d'Eporédia et Bonaventure d'Astorga, missionnaires du *Chan-tong*; Emmanuel et François de Saint-Michel, missionnaires du *Kiang-si*. Sur les quatre missionnaires du *Hou-koang*, deux devaient devenir plus tard Vicaires Apostoliques du *Chan-si*, *Chen-si* et *Hou-koang*; quant aux deux autres, les PP. Jean de Sassari et Joseph de Bientina, restèrent-ils à *Péking*? retournèrent-ils plus tard dans leur ancienne mission? Il est impossible de rien préciser à cet égard.

A cette époque, et dans la suite, en même temps

que les Franciscains, d'autres missionnaires de divers Instituts évangélisèrent le *Hou-koang*. Le P. Lamade, de la Compagnie de Jésus, y déploya toute l'ardeur de son zèle. Les Lazaristes, de leur côté, y furent chargés spécialement de la partie Nord-Est de la province.

Parmi les Franciscains, l'un des plus illustres fut dans les commencements du XIXe siècle le B[x] Jean Lantrua de Triora (voir livre IV, ch. II, p. 134). Arrivé à *Han-keou* sur la fin de 1801, et reçu chez les chrétiens de la ville, il y débute dans la carrière apostolique. Les labeurs du saint ministère, les fatigues, les privations, les dangers auxquels il est exposé, rien n'arrête son ardeur à visiter les chrétientés, à prêcher le Christ Jésus, à porter les secours de la religion aux malades. Après un an de mission dans la région, il passe successivement dans le *Chen-si*, le *Kan-sou*, le *Chan-si* et revient, en 1814, dans le *Hou-koang*, dont il est nommé administrateur apostolique par le P. Joachim Salvetti, Provicaire du Vicariat.

Il y reprend, sans se lasser, ses courses apostoliques, en compagnie d'un vertueux catéchiste, Étienne *Chang hi-xen*, qui, comme lui, aura plus tard la gloire de verser son sang pour J.-C. Partout, sur son passage, il laisse la bonne odeur de ses vertus et l'exemple d'un héroïque dévouement pour le salut des âmes.

Au commencement de 1815, il quitte *Ou-tchang fou* (O), sur l'ordre de son Supérieur, le P. Salvetti, pour se rendre dans la partie méridionale du *Hou-koang*, le *Hou-nan* actuel. Il se rend d'abord à *Tchang-cha fou*, de là il passe à *Hong-tcheou fou*, où il établit sa résidence, et il a la consolation de faire de nombreuses conversions dans ce nouveau district.

Dénoncé par un bonze et un païen, il est arrêté dans la nuit du 28 juillet par le sous-préfet de *Lei-yang hsien* (*Hou-nan mér.*), sur le territoire duquel il faisait alors mission. Il est chargé de chaînes, ainsi que sept de ses chrétiens, et conduit au tribunal du mandarin, qui après lui avoir posé de longues et insidieuses questions, le fait mettre en prison. Il en est tiré pour être transféré à *Hong-tcheou fou* devant le *Tao-tai* ou Intendant chinois. Après un court séjour dans cette ville, il est envoyé au gouverneur de *Tchang-cha fou*. Il y eut à subir divers interrogatoires, où ne lui furent épargnés ni les coups, ni les mauvais traitements et où l'on voulut en vain l'obliger à fouler aux pieds la Croix du Sauveur.

Après avoir enduré avec grand courage les tortures des tribunaux et de la prison, il fut condamné à mourir par strangulation, pour avoir osé, malgré les lois chinoises, pénétrer dans l'empire et pour y avoir propagé la religion chrétienne. Ce fut le 7 février 1816 qu'il consomma dans ce supplice son glorieux martyre; il était âgé de 56 ans, dont 16 passés en Chine. Il a été mis par Léon XIII au nombre des Bienheureux.

Quatre ans plus tard, un autre missionnaire du *Hou-koang*, le Bx François-Régis Clet, lazariste, béatifié en même temps que le Bx Jean de Triora, devait subir la même peine pour la cause de J.-C.

Le Bx Clet, né à Grenoble le 19 août 1748, s'était embarqué à Lorient en avril 1791 pour la Chine avec deux diacres de sa Congrégation. Ils abordaient à *Macao* le 15 octobre de la même ınée. De là M. Clet, destiné au *Kiang-si*, s'y rend ı cachette et y arrive après 30 jours de voyage. .. Pesné, l'un de ses deux confrères, est envoyé au *'ou-koang*, où un autre lazariste, M. Aubin, l'a pré-ċdé depuis près d'un an, et où il a failli payer de sa berté et même de sa vie son zèle pour le salut des mes.

En novembre 1793, le B[x] Clet, appelé en chi-ois *Lieou*, vient rejoindre ses deux confrères ans leur résidence établie dans le *Hou-koang* sur ; territoire de *Kou-tcheng* (préfecture de *Siang-yang* ›u dans le *Hou-pé septentrional*). De là ils rayonnent eux trois pour aller jusqu'à 50 lieues de distance dministrer les autres chrétientés éparses dans toute étendue de leur mission qui comptait environ 0 000 fidèles.

En 1796, M. Aubin, que les Vicaires Apostoliques u *Chen-si* et du *Su-tchuen* travaillaient à faire nom-ıer Vicaire Apostolique du *Hou-koang*, est arrêté lors qu'il se rendait au *Chan-si*. Après avoir passé rès d'une année en prison, il y mourut empoisonné ar les mandarins.

M. Pesné, à peine âgé de 29 ans, succombe à son ›ur, épuisé par les fatigues.

Le B[x] Clet reste dès lors seul à la tête du district, ù il est secondé par quelques prêtres indigènes enus du séminaire des Lazaristes de *Péking*. Il éploie une ardeur inlassable à conquérir les âmes J.-C., ce qui lui vaut ce témoignage élogieux e Mgr J.-B. de Mandello, Vicaire Apostolique u *Chen-si*, *Chan-si* et *Hou-koang* : « Plût à Dieu ue j'eusse vingt missionnaires comme M. Clet! »

Il établit près de sa résidence de *Kou-tcheng* une

école d'instruction religieuse : elle est bientôt fréquentée par un grand nombre d'enfants qu'il forme, avec ses collaborateurs, aux vertus chrétiennes.

En 1808, nous trouvons le B^x^ à *Lao-ho-keou* où une chrétienté a été fondée. Deux nouveaux auxiliaires lui étaient arrivés, Ignace *Ho* et François *Chen*, prêtres chinois, qui confesseront un jour la foi avec un courage admirable.

L'un d'eux, François *Chen*, est arrêté en 1819, non loin de *Kou-tcheng*. La persécution redoublait alors d'intensité. Le B^x^ Clet, après s'être caché de caverne en caverne, passe dans le *Ho-nan*, où il poursuit ses courses apostoliques jusqu'à *Lou-y hsien* à l'extrémité orientale de cette province. Pendant des mois il échappe aux recherches; mais sa tête ayant été mise à prix, il est enfin arrêté le 16 juin 1819 par des soldats que conduisait un mauvais chrétien, alors qu'il s'était réfugié dans une famille chrétienne de *Nan-yang fou*. Il est emmené dans les prisons de cette ville; de là on le conduit dans celle de *Kai-fong fou*, capitale du *Ho-nan*.

Comme sa résidence principale se trouvait dans le *Hou-koang*, le grand juge de *Ho-nan* le fait transporter à *Ou-tchang fou*, capitale de la province, dans une cage en bois, les fers aux mains et aux pieds et la chaîne au cou. Il y arrive les vêtements couverts de sang. Jusque-là, il avait déjà passé par 27 prisons. Tant dans le *Ho-nan* que dans le *Hou-koang*, il lui fallut comparaître devant un certain nombre de mandarins, qui lui firent subir de pénibles interrogatoires, et lui infligèrent maintes fois la torture des soufflets et celle de rester à genoux pendant des heures sur des chaînes de fer. Ce fut le 18 février

1820 qu'il termina son douloureux martyre par le supplice de la strangulation.

Parmi les missionnaires qui se signalèrent ensuite dans le *Hou-koang* par leur zèle et leur vertu, nous devons mentionner le P. Joseph-Marie Rizzolati, franciscain de la province de Venise, qui y pénétra en 1827; — le comte Louis de Bési, qui y arriva en 1833, en fut nommé Provicaire et plus tard premier Vicaire Apostolique du *Chan-tong*; — M. François-Alexis Rameaux, qui fut en 1838 investi de la charge de Vicaire Apostolique du *Tche-kiang* et *Kiang-si*, et qui trouva la mort en mer le 14 juillet 1845; — — M. Jean-Henri Baldus, qui devint en 1845 premier Vicaire Apostolique du *Ho-nan*, et en 1864 Vicaire Apostolique du *Kiang-si*, où il est décédé le 29 septembre 1869; — enfin surtout le B[x] Jean-Gabriel Perboyre : ces trois derniers appartenaient à la Congrégation des Lazaristes.

Le B[x] Perboyre, né le 6 janvier 1802 dans le diocèse de Cahors, s'était embarqué au Havre le 21 mars 1835 et avait abordé à *Macao* le 29 août de la même année. Il en était parti le 21 décembre suivant et, après avoir traversé les provinces du *Fo-kien* et du *Kiang-si*, il était parvenu en avril 1836 à *Han-keou* (*Hou-pé*), dont la chrétienté dépendait de la mission des Lazaristes. Après s'être arrêté dans leurs résidences de *Ngan-lou fou* et de *Kou-tcheng*, il était parti pour le *Ho-nan*, où pendant un an et demi de séjour il visita toutes les chrétientés de la province.

En janvier 1838, rappelé dans le *Hou-pé* par M. Rameaux, supérieur de la mission des Lazaristes, il s'y adonna au ministère apostolique avec un zèle infassable, particulièrement dans la région de *Kou-*

tcheng. Ni l'étendue de son district, ni les rigueurs du climat, ni les dangers à courir, ni la faiblesse de son tempérament ne peuvent arrêter son zèle à parcourir les chrétientés qui lui étaient confiées, à confirmer les néophytes dans la foi, et à travailler à la conversion des infidèles.

Depuis un certain temps déjà les chrétiens du *Hou-pé* jouissaient d'une grande tranquillité, quand soudain la persécution éclata de nouveau. Le Bx Perboyre se trouvait dans sa résidence des environs de *Kou-tcheng* avec M. Baldus, le P. Rizzolati, et un prêtre chinois, qui s'y étaient réunis le dimanche 15 septembre 1839, afin d'y célébrer ensemble, avec l'Octave de la Nativité, la fête du saint Nom de Marie. La dernière messe venait de finir quand on leur annonce que des soldats arrivent pour les arrêter. Chacun d'eux doit immédiatement pourvoir à sa sécurité par la fuite.

Le Bienheureux avait réussi à se cacher dans une forêt. Partout il avait passé en faisant le bien et en donnant l'exemple des plus éminentes vertus : néanmoins il est trahi et vendu par un néophyte. Aussi dès le lendemain est-il arrêté par les satellites et conduit enchaîné au sous-préfet de *Kou-tcheng*. Il est ensuite envoyé devant les mandarins de *Siang-yang fou* et finalement devant le Vice-Roi d'*Ou-tchang fou*.

Dans ces différents tribunaux, il eut à subir de longs interrogatoires toujours accompagnés d'affreuses tortures. A diverses reprises il fut souffleté avec une forte lanière de cuir; frappé sans pitié d'un grand nombre de coups de bambou; élevé en l'air au moyen de cordes que l'on relâchait soudain, pour le laisser retomber de tout son poids, au point que

›us ses membres en étaient brisés et disloqués; uspendu par les pouces et les cheveux, et en même ›mps agenouillé sur des chaînes de fer, pendant u'aux extrémités d'une large traverse de bois placée ur ses mollets, deux bourreaux se balançaient pour jouter à ses douleurs; marqué au front d'un stigıate d'infamie. A ces raffinements de barbarie qui épassent l'imagination humaine venaient s'ajouter ›s calomnies et les injures les plus grossières, les ıenaces de mort pour l'obliger à abjurer et à fouler ux pieds la Croix, les souffrances physiques et moıles qui ne lui étaient pas épargnées dans les in›ctes prisons où il était enfermé avec les pires célérats.

Après avoir enduré pendant près d'un an tout ce u'on peut imaginer de plus atroce, le B^x^ Perboyre ıt condamné à être étranglé: c'est ainsi que le vendredi 11 septembre 1840 il couronna par un glorieux ıartyre une vie toute pleine de mérites. Quelques ınées après, un de ses collaborateurs dans le *Hou›ang*, Mgr Rizzolati, qui l'avait bien connu, fut ıargé par la S. Congr. des Rites d'instruire dans ›n Vicariat le premier procès sur le martyre du ›rviteur de Dieu, et le 10 novembre 1889 Léon XIII ›océdait à la solennelle Béatification du B^x^ Jeanabriel Perboyre.

Le *Hou-koang*, qu'à raison de sa vaste superficie et › sa nombreuse population le gouvernement chinois ›ait, en 1818, divisé en deux provinces distinctes, ›lle du *Hou-pé* au nord du lac *Tong-ting*, et celle du *ou-nan* au sud, fut le 14 août 1838 érigé de nou›au en Vicariat Apostolique, comprenant les deux rovinces susdites. Le 30 août de l'année suivante,

Grégoire XVI nommait Vicaire Apostolique du *Hou-koang* Mgr Joseph-Marie Rizzolati. Il statuait en même temps que ce Vicariat serait dès lors confié exclusivement aux missionnaires de l'Ordre de Saint-François et que les Lazaristes, qui par leurs travaux et par leur martyre y avaient grandement fait progresser le Catholicisme, se retireraient dans d'autres missions dont les chargeait le Souverain Pontife.

Mgr Rizzolati, secondé par un certain nombre de religieux de son Ordre et par quelques prêtres indigènes, continua, après son élévation à l'épiscopat, à déployer la plus grande activité à étendre dans son Vicariat le règne de J.-C. Il y multiplia ses courses apostoliques, le parcourant en tous sens, tant pour visiter ses ouailles que pour recueillir les actes des martyrs qui l'avaient illustré.

Afin d'aider ses missionnaires à travailler à leur propre sanctification, à celle de leurs chrétiens, et à la conversion des païens, il rédigea avec sa grande expérience des missions un excellent ouvrage qu'il intitula : « *Praxis missionnariorum.* Règles pratiques pour les missionnaires. »

En mars 1844, on lui donna comme coadjuteur Mgr François-Xavier Maresca, de l'Ordre de Saint-François, qui, trois ans plus tard, devint dans le *Kiang-nan* coadjuteur de Mgr Louis de Bési, y succéda à ce dernier en 1849 et y mourut le 2 novembre 1855.

Après le départ de Mgr Maresca, un nouveau coadjuteur est donné à Mgr Rizzolati dans la personne de Mgr Novella, qui exerça cette charge de 1847 à 1851.

En 1845, il y avait 20000 chrétiens dans le *Hou-*

coang. Mais leur nombre diminua dans la suite. La persécution continuait en effet à sévir. Mgr Rizzolati fut chassé de sa mission et dut s'exiler à *Hong-kong*. Quant aux missionnaires, dépourvus de tout, exposés à tous les dangers, ils se virent forcés de mener une vie errante et d'exercer leur ministère en cachette, d'autant plus qu'à la persécution vint s'ajouter une terrible révolution qui mit tout à feu et à sang et qui occasionna l'extermination d'une grande partie de la population.

Mgr Rizzolati ayant quitté *Hong-kong*, en 1856, se rendit à Rome, où il se démit de ses fonctions, et où il mourut six ans plus tard.

En cette même année 1856, Pie IX divisa le *Hou-koang* en deux Vicariats Apostoliques, formés chacun de l'une des deux provinces qui le composaient, celui du *Hou-pé* et celui du *Hou-nan*, les confiant l'un et l'autre aux missionnaires de l'Ordre de St-François.

CHAPITRE III

VICARIAT APOSTOLIQUE DU HOU-PÉ

Pie IX ayant, en 1856, érigé le Vicariat Apostolique du *Hou-pé*, y établit la même année, comme Vicaire Apostolique, Mgr Louis-Célestin Spelta, franciscain italien.

Mgr Spelta, d'abord coadjuteur de Mgr François-Xavier Maresca, Vicaire Apostolique du *Kiang-nan*, mentionné précédemment, en était devenu le successeur en 1855. L'année suivante, transféré dans le

Vicariat du *Hou-pé*, il fixa sa résidence à *Ou-tchang fou*. Quoique de santé précaire, il se consacra à ses nouvelles fonctions avec une activité dévorante en même temps qu'avec une prudence consommée.

La province était alors dévastée par les rebelles aux longs cheveux, dits *Tai-ping*. Les mandarins en étaient devenus plus ombrageux : aussi portaient-ils en particulier leurs soupçons sur les chrétiens et les missionnaires, dont les démarches étaient étroitement surveillées, comme s'ils supposaient des accointances entre eux et les révolutionnaires. Des visites domiciliaires furent même faites à plusieurs reprises par les gens des tribunaux au séminaire indigène de *Tang-kia-ho*. Mgr Spelta fit face à la tourmente avec un dévouement à toute épreuve pour ses ouailles qu'il sut mettre à l'abri de tout soupçon et protéger efficacement : aussi contribua-t-il puissamment à la propagation du christianisme dans son Vicariat.

La sagesse de son administration, ses rares mérites et ses vertus éminentes le désignèrent au choix de Pie IX qui l'investit de la charge de Visiteur Apostolique des Missions de toute la Chine et des royaumes voisins.

Il avait obtenu pour coadjuteur un de ses missionnaires franciscains, le P. Eustache Zanoli, à qui, en 1861, il conféra la consécration épiscopale : l'année suivante il s'endormit pieusement dans le Seigneur.

Mgr Zanoli, né dans l'Émilie, le 18 mai 1831, était arrivé en 1856 dans le *Hou-pé* et y avait successivement exercé les fonctions de Procureur de la mission et de Vicaire général. Devenu, par la mort de Mgr Spelta, Vicaire Apostolique du *Hou-pé*, Mgr Zanoli, qui jouissait d'une forte santé, parcourut dans l'espace de six mois toute la province, afin d'acquérir par lui-même une connaissance exacte des besoins et des œuvres de ses missionnaires, de l'état de chaque chrétienté, et des nécessités de l'Apostolat.

En 1867, appelé à Rome lors de la solennelle célébration du centenaire des SS. Apôtres Pierre et Paul, il revint dans son Vicariat avec six nouveaux missionnaires de son Ordre et avec des Sœurs de Charité, dites Canossiennes, qu'il chargea de l'Hôpital de *Han-keou*.

Il s'était parfaitement rendu compte que, par suite de l'étendue de son Vicariat et de l'éloignement de ses missionnaires, les communications avec ces derniers se trouvaient être très difficiles, communications nécessaires cependant pour promouvoir le bien de sa mission : aussi, étant parti de nouveau pour Rome au Concile du Vatican, demanda-t-il au Saint-Siège que le Vicariat fût divisé en trois.

Pie IX, répondant à ses vœux, fit paraître, en août 1870, le Bref Pontifical de division qui faisait du *Hou-pé* trois Vicariats Apostoliques confiés aux Franciscains, le *Hou-pé oriental*, le *Hou-pé nord-ouest* et le *Hou-pé méridional*.

CHAPITRE IV

VICARIAT DU HOU-PÉ ORIENTAL

(Pl. X)

Le Vicariat du *Hou-pé oriental*, institué en 1870, est formé de 5 préfectures civiles de premier ordre :

Ou-tchang fou, cap. de la prov., comp.	11	sous-préf.
Hoang-tcheou fou	—	9	—
Han-yang fou	—	6	—
Te-ngan fou	—	6	—
Ngan-lou fou	—	5	—

Au nouveau Vicariat lors de son érection restèrent attachés dix missionnaires européens, tous franciscains, et neuf prêtres indigènes : il s'y trouvait environ 9 000 chrétiens répartis en 150 chrétientés. A sa tête demeura placé comme Vicaire Apostolique Mgr Eustache Zanoli, chargé précédemment de toute la province du *Hou-pé*.

Son Vicariat comprenant cinq préfectures civiles, il le divisa en autant de régions correspondantes et désigna pour chacune d'elles un Vicaire forain ou doyen qu'il investit des pouvoirs les plus étendus et qu'il chargea des autres missionnaires du district. Il n'épargna rien pour faire prospérer ses missions et, s'il ne put recueillir tous les fruits de salut qu'il espérait, du moins réalisa-t-il des progrès remarquables.

En plus de la Procure qui s'occupe des intérêts matériels de plusieurs Vicariats et de l'Hôpital que tiennent les Sœurs Canossiennes, établis l'un et l'autre dans la Concession européenne de *Han-keou*, il fit bâtir dans cette ville une vaste Cathédrale dédiée à S. Joseph, pour la construction de laquelle il n'hésita pas à retourner une troisième fois en Europe afin de recueillir les ressources nécessaires, et un Collège dirigé par les susdites Religieuses, où plusieurs centaines de femmes reçoivent l'hospitalité, le vêtement et la nourriture, en même temps que l'instruction religieuse.

Dans la ville d'*Ou-tchang fou*, il fit également élever une résidence suffisante pour y recevoir tous ses missionnaires qui s'y réunissaient pour la retraite annuelle ou qui avaient à se rendre près de leur évêque pour traiter avec lui les affaires de leurs missions.

Atteint, en août 1882, de la maladie de la rate qui devait l'emporter, il endura ses longues souffrances avec une grande conformité à la sainte volonté de Dieu et avec une constante égalité d'âme. Après avoir reçu, le 3 mai, le Saint Viatique des mains de Mgr Banci, Vicaire Apostolique du *Hou-pé nord-ouest*, et, quelques jours plus tard, l'Extrême-Onction des mains de Mgr Filippi, Vicaire Apostolique du *Hou-pé méridional*, il partit pour un monde meilleur, le 17 mai 1883.

Le nouveau Vicaire Apostolique du *Hou-pé oriental* ne fut élu que le 18 juin 1884 : Ce fut Mgr Epiphane Carlassare, franciscain de la province de Venise, né le 25 juin 1844. Arrivé dans le Vicariat en avril 1871, il avait commencé par y exercer pendant trois ans le saint ministère dans les missions, et il avait été ensuite placé comme supérieur à la tête du séminaire indigène d'*Ou-tchang fou*.

Devenu évêque, il fit briller d'un plus grand éclat encore son zèle pour la gloire de Dieu et le salut des âmes, en même temps que sa haute intelligence dans l'administration de son Vicariat. Afin de pourvoir encore plus efficacement au bien de sa mission, il publia en particulier un ouvrage digne de tous éloges : « *Missionnarius instructus ad ministerii sui officia rite implenda.* Le missionnaire instruit sur les moyens de remplir parfaitement les fonctions de son ministère. » Pour une partie de cet ouvrage il déclare s'être servi d'un autre intitulé : *Praxis Missionariorum* par Mgr Rizzolati, l'un de ses prédécesseurs ; il y donne les règles et décrets du synode célébré au *Su-tchuen* en 1883, ceux des synodes tenus à *Han-keou* en 1880 et 1887, et des instructions très utiles pour diriger sûrement les missionnaires dans l'accomplissement des devoirs de leur charge.

Durant la persécution des Boxeurs en 1900, une chrétienté fut complètement dévastée; mais son missionnaire et les chrétiens purent, par la fuite, échapper à la mort. Dans un autre endroit un orphelinat, ainsi que l'église et la résidence, furent incendiés par les rebelles; mais, grâce à la protection efficace du Vice-Roi d'*Ou-tchang fou*, le Vicariat eut assez peu à souffrir de la révolution.

Sous la sage direction de Mgr Carlassare le Catholicisme fit des progrès considérables dans le *Hou-pé oriental* ; les chrétiens qui, lors de son entrée en charge, étaient au nombre d'environ 12 000, arrivèrent au nombre de 26 000 pendant ses vingt-cinq ans d'épiscopat.

C'est à Mgr Carlassare qu'est dû l'établissement du grand Collège de *Han-keou*, où les langues française et anglaise sont enseignées aux indigènes.

Son coadjuteur Mgr Gennaro et ses missionnaires se préparaient à fêter solennellement son jubilé épiscopal quand l'été de 1909 revint avec des chaleurs excessives, fort pénibles pour le vénérable prélat. Ses confrères crurent devoir instamment l'engager à aller passer la chaude saison à *Tai-yuan fou*, capitale du *Chan-si*, auprès de Mgr Fiorentini. Après avoir longtemps hésité à quitter son troupeau,

Mgr Carlassare se décida à se rendre à leurs sollicitations. Dans la matinée du 23 juillet il prenait le chemin de fer; mais le lendemain vers cinq heures de l'après-midi, alors qu'il n'était plus qu'à trois heures de *Tai-yuan fou*, il mourait subitement, emporté par une maladie de cœur. Averti par télégramme, Mgr Gennaro fit ramener sa dépouille mortelle à *Han-keou*, où lui furent faites de grandioses funérailles.

Mgr Gratien Gennaro, franciscain de la province de Venise, né le 9 mai 1863 et parti pour le *Hou-pé oriental* en 1891, avait été, par Bref Pontifical du 25 août 1906, élu coadjuteur de Mgr Carlassare : il en devint le successeur et il est actuellement le Vicaire Apostolique du *Hou-pé oriental.*

ÉTAT ACTUEL DE LA MISSION (1914).

Vicaire Apostolique : Mgr Gratien GENNARO, O. F. M.

Catholiques	34.358
Baptêmes d'adultes	1.491
Baptêmes d'enfants nés de parents chrétiens	1.176
Églises et chapelles	203
Chrétientés	293
Missionnaires européens	30
Missionnaires chinois	21
Élèves au grand séminaire	28
— au petit séminaire	36
— fréquentant les catéchuménats	12
— dans les écoles de la mission	4.314
Confirmations	2.210
Confessions annuelles	16.918
Confessions de dévotion	70.700
Communions pascales	16.206
Communions de dévotion	168.903
Mariages célébrés	225
Extrêmes-Onctions administrées	463

OEUVRE DE LA SAINTE-ENFANCE.

Baptiseurs	184
Enfants d'infidèles baptisés	2.884
— — recueillis	339
— — adoptés	22
— — entretenus par la mission	1.447
Petits garçons fréquentant les écoles de la Sainte-Enfance	2.287
Petites filles fréquentant les écoles de la Sainte-Enfance	964

OEUVRE DE LA SAINTE-ENFANCE
SOUS LA DIRECTION DES SOEURS CANOSSIENNES.

Filles de parents infidèles baptisées	1.577
— — — recueillies	1.146
— — — en nourrice	1.028
— — — dans les orphelinats	298
Enfants fréquentant les écoles de la Sainte-Enfance	562
Catéchumènes et néophytes	207
Hôpital : hommes recueillis	1.235
— femmes recueillies	1.128
Malades soignés	33.329
Adultes baptisés	110
Enfants baptisés	47
Enfants décédés	111

CHAPITRE V

VICARIAT DU HOU-PÉ NORD-OUEST

(Pl. VIII)

Le Vicariat du *Hou-pé Nord-Ouest* érigé en 1870 est formé de deux préfectures civiles de premier ordre :

Siang-yang fou, comprenant 8 sous-préfectures
Yun-yang fou — 7 —

La résidence épiscopale est établie à *Lao-ho-keou*, place de commerce, l'une des plus considérables du *Hou-pé*, après *Han-keou*.

Le P. Ezéchias Banci, franciscain de la province de Toscane, né le 22 janvier 1833 et parti pour la Chine en 1859, fut, en qualité de Provicaire, chargé du nouveau Vicariat du *Hou-pé Nord-Ouest* après son érection.

En novembre 1876, Mgr Pascal Billi, de l'Ordre de St-François, en fut élu Vicaire Apostolique. Il ne remplit cette charge qu'un an et demi, étant décédé en mars 1878.

Son successeur fut Mgr Ezéchias Banci. D'abord Provicaire du Vicariat, il avait été, en 1871, nommé coadjuteur de Mgr Navarro, Vicaire Apostolique du *Hou-nan méridional*, par qui il fut sacré. Quatre ans plus tard, atteint d'une grave maladie, il lui avait fallu regagner l'Italie afin d'y rétablir sa santé. Il s'y trouvait encore quand le 30 septembre 1879 il fut choisi comme Vicaire Apostolique du *Hou-pé Nord-Ouest*.

De retour dans la province où il avait précédemment déjà exercé avec tant de fruits le ministère apostolique, il s'adonna tout entier à ses nouvelles fonctions. Il commença de suite la visite pastorale de son Vicariat, qu'il renouvela bien des fois, quoique exposé aux plus grands dangers et à des adversités de tout genre, par suite des persécutions suscitées fréquemment contre lui et contre ses missionnaires.

La révolution des Boxeurs en 1900 causa bien des ruines dans sa mission. Le 10 juillet de cette année, les révolutionnaires, de connivence avec le préfet de

Siang-yang fou, commencent par saccager et piller la résidence établie dans cette ville, dont les serviteurs sont battus jusqu'à la mort. Ils détruisent de même toutes les chapelles et résidences du Vicariat. Pénétrant dans les familles chrétiennes, ils leur intiment, par ordre du préfet, l'injonction d'avoir à renier leur religion. Sur le refus de ces vaillants confesseurs de la foi, ils les battent cruellement, puis démolissent leurs maisons ou y mettent le feu, après en avoir tout emporté. Et pendant qu'ils accomplissent ces forfaits, le mandarin a l'audace de répandre le bruit que ce sont les chrétiens eux-mêmes qui ont tout dévasté, en vue d'en rendre responsables les païens auprès du Vice-Roi de la province.

Le Vicaire Apostolique Mgr Banci se trouvait alors à *Kia-nan-keou* ; on menaçait d'y incendier l'église, la résidence, le séminaire, l'orphelinat. La menace devint si persistante, le danger si imminent, qu'il crut devoir mettre en sûreté les jeunes séminaristes et les orphelines. Convoquant cependant les chefs des villages voisins, il s'entendit avec eux et obtint d'eux la promesse qu'ils mettraient tout en œuvre pour empêcher la destruction des établissements de la mission. Quant à *Lao-ho-keou*, les mandarins veillèrent jour et nuit et parvinrent à y maintenir l'ordre.

La tourmente passée, le vénéré prélat déploya toute son activité et sa charité à pourvoir aux besoins de ses ouailles dépouillées de leurs biens et à réparer les désastres occasionnés par les rebelles.

Sous sa vigilante administration, le Catholicisme alla en progressant dans le Vicariat. Son zèle infatigable que n'arrêtaient ni ses maladies, ni les privations et les incommodités des voyages, l'affection paternelle dont il entourait ses missionnaires et ses chrétiens, la haute estime qu'il sut s'attirer de la part des autorités chinoises, concoururent efficacement à y faire connaître et aimer la Religion : aussi eut-il la consolation d'y voir s'ouvrir quantité de chrétientés et s'accroître de 8 000 le nombre des fidèles.

En cours de visite pastorale, atteint d'une pneumonie mortelle, il s'endormit pieusement dans le Seigneur le 22 septembre 1903, à l'âge de 70 ans dont 44 de missions en Chine et 32 d'épiscopat. Son corps, rapporté à la principale résidence du Vicariat, fut accompagné jusque-là par un imposant cortège de néophytes chantant publiquement des prières, sans se préoccuper de la présence des païens, qui d'ailleurs se joignaient à eux pour exalter les vertus du regretté Prélat. Des mandarins et plusieurs bacheliers chinois vinrent même assister pendant trois jours aux cérémonies religieuses de ses funérailles, voulant ainsi lui rendre un dernier témoignage de leur vénération.

Mgr Banci fut admirablement secondé dans ses œuvres d'apostolat par les missionnaires de son Ordre, dont plusieurs méritent une mention spéciale.

C'est d'abord le P. Antonin Fantosati, fils de la province séraphique, né à Trevi le 16 octobre 1842. Il était arrivé en 1867 dans le *Hou-pé* : pendant plusieurs années il y exerça avec succès le ministère des missions. Après la division du Vicariat, il resta attaché à celui du *Hou-pé Nord-Ouest*. Son évêque Mgr Pascal Billi lui confia alors l'administration de la Procure établie à *Lao-ho-keou*, charge importante et délicate qui témoignait toute la confiance du Prélat en son missionnaire, puisqu'elle lui conférait la mission de traiter avec l'autorité locale toutes les questions relatives aux intérêts de la religion et à la liberté du culte.

Cette fonction, il la remplissait à la satisfaction de tous quand Mgr Billi vint à mourir. Le P. Fantosati fut dès lors choisi comme Administrateur apostolique pour gouverner le Vicariat jusqu'à la nomination du nouveau chef de la mission. A l'arrivée du Vicaire Apostolique Mgr Banci, son intérim expira et il reprit sa vie modeste et laborieuse de missionnaire.

Une de ses œuvres à cette époque fut la fondation d'un orphelinat destiné à recueillir les petites filles abandonnées par leurs parents. Il sut maintenir cet asile dans un état florissant : sa grande ressource était, après une entière confiance en la Providence, les aumônes qui lui venaient d'Europe et qu'il alla lui-même recueillir au cours de deux voyages en Occident.

Il se dépensa avec un tel zèle aux œuvres d'apostolat qu'il fut jugé digne en 1892 d'être nommé Vicaire Apostolique du *Hou-nan méridional.* (Voir livre VI, chap. II.)

Le P. René Leuridan, français d'origine, étant né en 1844 dans un village voisin de Roubaix, mais appartenant comme religieux à la province franciscaine de Belgique, était, après son ordination sacerdotale en 1872, parti pour le *Hou-pé Nord-Ouest.* Après avoir pendant trois ans exercé la charge de Directeur du Séminaire indigène, il se livra au ministère des missions et il le remplit avec tant d'intelligence et de charité qu'il s'attira l'estime et l'affection de tous. De nombreuses conversions d'infidèles, plusieurs chapelles bâties par lui, rendent témoignage de son inlassable activité. Il est décédé le 30 juillet 1887, à l'âge de 43 ans.

Le P. Quirin Henfling, né en Hollande le 9 mai 1843, qui quitta, lui aussi, son pays pour entrer chez les franciscains de Belgique, s'était rendu dans le *Hou-pé Nord-Ouest*, en 1879, en même temps que Mgr Banci qui venait d'en être élu Vicaire Apostolique. Brûlant de zèle pour les âmes, il se donna tout entier à promouvoir le bien de la mission ; il y fut chargé de la direction du Séminaire et de l'Orphelinat de la Sainte-Enfance. C'est à lui que sont dues les Églises de *Lao-ho-keou* et de *Tchia-yuen-kou*, pour la construction desquelles il mit brillamment à profit les connaissances particulières qu'il avait en architecture.

Le P. Fantosati ayant été nommé Vicaire Apostolique et craignant qu'une telle charge ne fût trop lourde pour ses épaules s'il n'était secondé par un missionnaire expérimenté, ne voulut l'accepter qu'à condition d'emmener avec lui comme Vicaire général et associé le P. Quirin dont il connaissait les rares qualités. Tous deux dès lors gagnèrent le *Hou-nan méridional* (voir liv. VI, chap. II).

Le P. Modeste Everaerts, né à Anvers le 3 décembre 1845, fils, lui aussi, de la province franciscaine de Belgique, était arrivé dans la *Hou-pé Nord-Ouest* en 1873. Après avoir donné, dans les travaux des missions, des preuves de son grand mérite, il fut choisi comme Provicaire par Mgr Banci, et après la mort du vénéré Prélat il assuma la charge de diriger le Vicariat jusqu'à l'élection de son successeur. Il passa ensuite dans le Vicariat du *Hou-pé méridional*, confié à ses confrères de Belgique, dont peu après il devint Vicaire Apostolique. (Voir chap. VI.)

Le successeur de Mgr Banci fut Mgr Fabien Landi, franciscain de la province de Toscane, né le 10 mars 1872. Par Bref Apostolique du 17 mai 1904 il a été nommé Vicaire Apostolique du *Hou-pé Nord-Ouest*, dont il était missionnaire depuis 1894 et dont il est encore actuellement chargé.

ÉTAT ACTUEL DE LA MISSION (1914).

Vicaire Apostolique : Mgr Fabien LANDI, O. F. M.

Catholiques	24.739
Catéchumènes	22.925
Baptêmes d'adultes	1.795
Baptêmes d'enfants nés de parents chrétiens	747
Églises et chapelles	106
Chrétientés	312
Missionnaires européens	17
Missionnaires chinois	17
Franciscaines Missionnaires d'Égypte	6
Élèves au grand séminaire	9
Élèves au petit séminaire	15
Écoles : 54, avec 1.828 élèves.	
Confirmations	630
Confessions annuelles	11.449
Confessions de dévotion	27.886
Communions pascales	9.770
Communions de dévotion	69.998
Mariages célébrés	133
Extrêmes-Onctions administrées	255

ŒUVRE DE LA SAINTE-ENFANCE.

Baptiseurs	88
Enfants d'infidèles baptisés	4.517

Enfants d'infidèles recueillis	298
— — nourris	771
Petites filles dans les orphelinats.	534
— — placées en nourrice	386
Catéchumènes suivant les cours du catéchuménat .	267
Hôpital : malades recueillis.	473
— malades soignés	19.381
— adultes baptisés	85

CHAPITRE VI

VICARIAT DU HOU-PÉ MÉRIDIONAL

(Pl. IX)

Le Vicariat du *Hou-pé méridional*, constitué en 1870, est composé de 3 préfectures civiles de premier ordre :

I-tchang fou, comprenant 7 sous-préfectures
Kin-tcheou fou — 8 —
Chi-nan fou — 7 —

d'une préfecture de deuxième ordre :

King-men tcheou, comprenant 3 sous-préfectures,

et d'une autre préfecture de deuxième ordre : *Ho-fong ting*.

La résidence épiscopale est à *I-tchang fou*.

Le P. Alexis Filippi, franciscain de la province de Bologne, né le 4 mars 1818, fut, en qualité de Provicaire, placé, dès l'origine, à la tête du Vicariat du *Hou-pé méridional*. Il était arrivé en 1845 dans le *Hou-pé* et s'y était donné avec ardeur à l'évangélisation de la province, parcourant, sans redouter ni les privations, ni les dangers, les missions qui lui furent confiées et où il passait en faisant le bien.

Lors du soulèvement des rebelles aux longs cheveux, dits *Tai-ping* (années 1851 et suivantes), il eut à souffrir toutes sortes de vexations tant de la part des révoltés qui par leurs ravages terrorisaient la contrée, que de la part des Impériaux qui prétendaient assimiler les chrétiens aux révolutionnaires. Finalement il fut arrêté dans la ville de *King-men tcheou*, où il fut chargé de chaînes et roué de coups. Conduit de là par les satellites des tribunaux à *Kin-tcheou fou*, il y fut jeté en prison. Durant deux mois il eut maintes fois à comparaître devant les mandarins qui ne lui épargnèrent ni les injures les plus sanglantes, ni les menaces de mort. Le traité anglo-français, conclu en 1860 à la suite de l'expédition contre la Chine, ayant rendu la liberté au Catholicisme, le P. Filippi fut à son grand regret délivré de captivité : il voyait avec peine lui échapper la palme du martyre après laquelle il soupirait, mais dont, pensa-t-il, Dieu l'avait jugé indigne.

Le rare mérite avec lequel il avait rempli le ministère apostolique et les fonctions de Provicaire lui valut d'être désigné le 28 janvier 1876 comme premier Vicaire Apostolique du *Hou-pé méridional.* Devenu évêque, il déploya toute son activité à mettre ses ouailles à l'abri des vexations des persécuteurs et à en augmenter le nombre.

Il s'était fait construire une petite résidence à *Kin-tcheou fou* : c'en fut assez pour qu'une nouvelle persécution fût suscitée contre lui. Le mandarin Tartare, poussé par sa haine contre les chrétiens, se mit alors à les tourmenter et à les forcer à l'apostasie. Pendant tout un mois les soldats envahirent chaque jour la demeure de l'évêque, y saccageant tout. Mgr Filippi fit courageusement face à l'orage qui s'apaisa enfin.

Il fit bâtir dans son Vicariat divers établissements : un séminaire, un collège, deux orphelinats pour enfants abandonnés et quatre résidences; il y fonda en outre un certain nombre de chrétientés.

Après avoir été pendant longtemps éprouvé par des infirmités qu'il supporta avec une grande patience et d'un air toujours souriant, il mourut pieusement le 28 novembre 1888.

Quelques années avant lui était mort son zélé Provicaire, le P. Gratien de Carli, franciscain de la province de Venise, missionnaire au *Hou-pé* depuis 1866. Il avait été appelé par Mgr Zanoli aux fonctions de Provicaire; passé en 1870 dans le Vicariat du *Hou-pé méridional*, il y avait été de nouveau investi de la même charge par Mgr Filippi. C'est à lui qu'est due la fondation d'une chrétienté dans la ville d'*I-tchang fou*. Il mourut le 2 août 1882, à l'âge de 53 ans.

Au Consistoire du 13 février 1889, Mgr Benjamin Christiaens, franciscain de la province de Belgique, né le 24 février 1844 à Thielt (dioc. de Bruges), fut nommé Vicaire Apostolique du *Hou-pé méridional*, où depuis plus de seize ans il exerçait le saint ministère.

En cette même année 1889, les sœurs Franciscaines Missionnaires de Marie venaient s'établir à *I-tchang fou* et il les plaçait à la tête d'un orphelinat et d'un hôpital pour les indigènes.

Deux ans après, la Propagande, par Décret du 24 août 1891, attribuait le Vicariat du *Hou-pé méri-*

dional aux missionnaires franciscains de Belgique.

Quelques mois plus tard, à la suite d'une machination infernale dirigée contre les religieuses européennes, une sédition éclatait soudain contre elles à *I-tchang fou* : leur maison fut livrée aux flammes, ainsi que la résidence épiscopale et le séminaire. Tout devint la proie du feu, sans qu'on pût rien sauver; seuls les habitants de ces divers établissements purent s'enfuir sains et saufs, non sans avoir eu beaucoup à souffrir de la part de la populace ameutée.

Mgr Christiaens se mit aussitôt à l'œuvre pour réparer cet affreux désastre. Son Vicariat devait être le théâtre de nouvelles persécutions qui allaient surgir dans la suite, particulièrement sur le territoire de la préfecture d'*I-tchang fou*.

Un de ses jeunes missionnaires franciscains, le P. Victorin Delbrouck, né le 14 mai 1870 dans le diocèse de Liège et arrivé en mars 1897 dans le *Hou-pé méridional*, en fut la première victime. Retenu d'abord pendant des mois par une fièvre maligne à la résidence épiscopale, il avait été envoyé ensuite en convalescence auprès d'un ancien missionnaire dont il partagea bientôt avec ardeur les travaux apostoliques. De là il était passé, sur l'ordre de son évêque, dans la chrétienté isolée de *Se-keou-chan* en pays de montagnes, sur le territoire de la sous-préfecture de *Pa-tung*, afin d'y remplacer un confrère gravement malade qui dut retourner à *I-tchang fou*. Le P. Victorin, dès lors, y était resté seul, chargé en même temps des chrétientés des environs, quand éclata la persécution.

Ayant appris la ruine complète de l'une de ses

chrétientés et l'approche des rebelles, il dut, sur les conseils qui lui étaient donnés, chercher son salut dans la fuite. Tandis qu'il errait à l'aventure, au prix de difficultés et de souffrances inouïes, il est trahi par un chrétien et découvert par les persécuteurs, le 5 décembre 1898. On le dépouille de ses habits de dessus, on lui lie les mains derrière le dos et on le frappe avec une telle violence qu'il ne peut plus marcher et que les païens se voient obligés de le porter pour gagner un village voisin où leurs complices étaient rassemblés.

Le lendemain ils le ramènent à sa résidence de *Se-keou-chan*. Cinq jours durant, il y fut suspendu à un arbre par les mains liées ensemble; chacun s'acharnait sur son pauvre corps : on le déchirait avec des tenailles rougies au feu, on le piquait de tiges de fer chauffées à blanc, on le frappait brutalement à la tête, on lui déchargeait des coups de fusil sur les reins, en joignant aux insultes les plus grossières la menace de manger son cœur et de boire son sang. A ces cruelles tortures les barbares ajoutèrent de nouvelles souffrances en soumettant aux plus affreux tourments sous ses yeux huit de ses chrétiens qu'ils massacrèrent.

Enfin, le dimanche 11 décembre, ses bourreaux, après avoir formé un simulacre de tribunal, prononcent contre lui la peine de mort. Il est alors traîné dans la cour de la résidence. Dix-sept coups de sabre lui furent portés, avant que sa tête fût séparée du tronc. Ces monstres inhumains s'empressent aussitôt de boire le sang de leur victime, de lui briser le crâne et d'en retirer la cervelle pour la dévorer, de lui ouvrir le corps pour en extraire le cœur et les poumons qu'ils se partagent et dont ils font leur nourriture.

Le préfet d'*I-tchang fou*, mis en demeure de rendre à la mission le corps du P. Victorin, le fit ramener dans cette ville sur la fin de janvier. Dès que la misérable bière où on l'avait enfermé fut arrivée et déposée sur la rive du fleuve, les païens se mirent à la piétiner et à vomir les insultes et les malédictions contre l'innocente victime, en même temps que des menaces de faire subir le même sort à ses confrères d'*I-tchang fou*.

Le corps, qui avait gardé toute sa souplesse et qui ne portait aucune trace de corruption, fut, après reconnaissance officielle, livré à la sépulture avec tous les honneurs qui lui étaient dus, en présence d'un imposant cortège de religieux de l'Ordre de Saint-François et de missionnaires des Missions Étrangères de Paris qui étaient là de passage. Il fut plus tard transféré dans le couvent franciscain de Saint-Trond en Belgique, où des grâces extraordinaires sont souvent accordées à ceux qui vont l'y vénérer avec piété.

En même temps que le P. Victorin, outre les huit mentionnés plus haut, plus de cent chrétiens furent massacrés horriblement dans le village de *Cha-tse-ti*. Les bourreaux, inaccessibles à toute pitié, piquaient de petits enfants de la pointe de leurs lances, au bout de laquelle ils s'amusaient cruellement à les faire tournoyer pour les broyer ensuite contre les rochers; quant aux autres chrétiens, ils leur arrachaient les lèvres et les chairs avec des tenailles, ou leur coupaient les membres qu'ils jetaient de tous côtés, leur enlevant après coup le cœur et le foie pour les dévorer. Soixante-huit d'entre eux, vieillards, femmes et enfants, qui s'étaient réfugiés dans une caverne voisine, y furent asphyxiés par la fumée des arbres que les tortionnaires firent brûler à l'unique entrée de la grotte.

Au moment où elle sévissait dans la préfecture d'*I-tchang fou*, la persécution éclatait dans celle de *Chi-nan fou* sur le territoire de la ville de *Li-tchoan*. La résidence qui y avait été établie, l'église, l'orphelinat, les maisons des chrétiens furent ruinés de fond en comble. Le missionnaire, ainsi que le personnel de l'établissement de la Sainte-Enfance et les néophytes durent prendre la fuite pour échapper aux persécuteurs : pendant plusieurs années il allait devenir impossible pour tout missionnaire d'y retourner. De 1898 à 1900, le *Hou-pé méridional* devait être en butte aux hostilités des ennemis de la Religion qui dévastèrent la mission et y mirent à mort un certain nombre de chrétiens.

Le Vicaire Apostolique, Mgr Christiaens, qui depuis vingt-huit ans se dépensait au salut des âmes dans cette partie dangereuse de la Chine païenne et qui maintes fois n'avait échappé au massacre que par miracle, dut, en 1899, renoncer à ses travaux apostoliques. Sa santé étant fort délabrée, il se vit, sur l'ordre des médecins, obligé d'aller reprendre l'air natal. Il se retira dans sa province franciscaine de Belgique et se démit de sa charge.

Il eut pour successeur un de ses missionnaires franciscains, Mgr Théotime Verhaeghen, né à Malines le 19 février 1867. Il était arrivé en 1894 dans le *Hou-pé méridional* et il en fut élu Vicaire Apostolique le 19 avril 1900.

Mgr Verhaeghen, qui s'était livré avec zèle au ministère des missions, s'adonna avec ardeur aux devoirs de sa nouvelle charge. Désireux de pourvoir davantage au recrutement de son clergé indigène, il fit bâtir un collège préparatoire au Séminaire : son intention était d'envoyer de là dans son Séminaire ceux des élèves qui seraient jugés avoir la vocation sacerdotale et les qualités voulues et de faire des autres de bons maîtres d'écoles ou d'habiles artisans.

Il eut la consolation de voir ses missionnaires, après quatre ans de bannissement, rentrer dans la mission de *Li-tchoan* et leur retour y ramener le triomphe de la Religion, de nouvelles chrétientés s'ouvrir et le nombre des catéchumènes s'accroître dans son Vicariat. Dans la seule année 1902-1903 le vaillant évêque fonda treize chrétientés nouvelles, un hôpital et une école d'agriculture.

Les menaces proférées par les païens après la mort du P. Victorin à l'adresse des missionnaires européens devaient bientôt être mises à exécution par les membres des sociétés secrètes du *Hou-pé*.

Mgr Verhaeghen était depuis plus de trois mois en visite pastorale. A la mi-juillet 1904, il s'était rendu, en compagnie du P. Florent Robberecht, dans la chrétienté de *Cha-tse-ti* (préfecture de *Chi-nan fou*), où son frère le P. Frédéric Verhaeghen vint le rejoindre. Dès le matin du 19 juillet, le P. Florent en sortait le premier, mais bientôt il est arrêté par les sectaires, lié par eux à un arbre et laissé là sous bonne garde. Son domestique qui, lui aussi, avait été pris et avait pu s'enfuir, va en avertir Mgr Verhaeghen. L'intrépide Prélat, au moment de la persécution dont avait été victime le P. Victorin, son voisin de mission, avait déjà pu, par son attitude énergique, en imposer à la foule armée qui assiégeait sa résidence de *Matcha-pin* et qui était venue pour le massacrer. Aussi le danger, qu'on lui dit menaçant, n'est pas pour l'arrêter : il ne songe qu'à aller délivrer son infortuné missionnaire. Il part, accompagné de son frère et d'une cinquantaine de chrétiens. Les conjurés accourent à sa rencontre, commencent par tuer son domestique qui, s'étant placé en avant de lui, voulait le protéger de son corps, puis se jettent sur le Vicaire Apostolique. Blessé gravement, le Prélat se met à genoux, mais tombe bientôt transpercé par la lance de l'un d'eux. Les barbares s'acharnent ensuite sur son corps qu'on retrouva plus tard portant une trentaine de plaies.

Une chrétienne nommée Marie *Chan*, qui appelait ses coreligionnaires au secours de l'évêque, est elle-même frappée à mort, ainsi que deux autres chrétiens.

Le P. Frédéric succombe à son tour, assommé d'un tel coup de bâton sur la tête que la cervelle jaillit sur le sol. Quant au P. Florent, il est détaché de son arbre et amené sur la scène du carnage au milieu des injures les plus sanglantes ; à la vue des cadavres de ses confrères, il tombe à genoux ; les bourreaux le poussent à terre et le tuent en lui portant plus de vingt coups de coutelas. Après avoir jeté les corps dans une fosse, ils se répandent dans la région pour la ravager : les maisons des chrétiens furent livrées au pillage et incendiées.

Le P. Frédéric Verhaeghen, né à Malines le 10 mai 1872, s'était embarqué pour le *Hou-pé méridional* en septembre 1903. Le P. Florent Robberecht, né à Thielt le 22 avril 1875, était missionnaire dans le Vicariat depuis 1899.

La cause à instruire en vue de la Béatification ou déclaration de Martyre de Mgr Verhaeghen et de ses confrères et chrétiens massacrés en haine de la foi est en voie d'exécution, et la S. Congr. des Rites a rendu à cet égard deux décrets à la date du 5 juillet 1909 et du 11 août 1911.

Après la mort de Mgr Verhaeghen, le P. Jean Franzoni, franciscain de la province de Milan, qui restait le seul missionnaire italien du Vicariat, tous les autres appartenant à la province franciscaine de Belgique, prit, en qualité d'Administrateur apostolique, le gouvernement du *Hou-pé méridional*, dont il était Provicaire. Il était arrivé en 1865 dans le *Hou-pé* qu'il parcourut en tous sens. Il y avait souffert persécution et y avait fait même une fois naufrage. Lors de l'incendie de la résidence épiscopale d'*I-tchang fou* en 1891, il n'avait pas hésité à passer courageusement au milieu de la populace haineuse en emportant avec lui, pour le soustraire aux profanations, le T. S. Sacrement dont il éprouva alors la puissante protection. Prédicateur infatigable, il travailla avec grande ardeur à la conversion des pécheurs et des païens, et, dans ce but, il publia en chinois deux ouvrages de doctrine catholique. C'était un homme de bon conseil, autant qu'édifiant : aussi avait-il mérité d'être élevé à la dignité de Provicaire, charge qu'il remplit dignement jusqu'à sa mort arrivée à *I-tchang fou* le 19 juin 1908.

Par Bref Pontifical du 9 janvier 1905, Pie X donnait à Mgr Verhaeghen un successeur en la personne de Mgr Modeste Everaerts, ancien missionnaire et Provicaire du *Hou-pé N.-O.* (voir chap. v, p. 191). L'année précédente il était passé dans le *Hou-pé méridional*. Sa première préoccupation, après son élévation à l'épiscopat, fut de visiter les districts de son Vicariat qui avaient le plus souffert des dernières persécutions, et dont les chrétiens étaient toujours terrorisés par les ennemis de la Religion. Malgré les bruits les plus alarmants, il tenait à aller relever par sa présence le courage de ses ouailles et à leur faire reprendre confiance à la vue de la vigilante sollicitude et de l'intrépide assurance de leur Pasteur devant les menaces des persécuteurs.

Le 16 mai, il part donc pour la préfecture de *Chi-nan fou*, dont il parcourt les chétientés sans se laisser arrêter par les lettres qui viennent lui annoncer que les sectaires se préparent à massacrer le nouvel évêque, ses missionnaires et ses chrétiens ; il se rend dans la chrétienté de *Cha-tse-ti* où il ne rencontre aucune hostilité de la part des païens, et y procède avec toute la solennité possible à la sépulture religieuse des corps de Mgr Verhaeghen, de ses deux confrères et des fidèles massacrés avec lui, qui jusqu'alors n'avaient pu la recevoir.

De là il passe dans le district de *Li-tchoan* qui avait souffert d'une nouvelle et longue persécution à la suite du massacre du Vicaire Apostolique et qui n'avait pas eu de visite épiscopale depuis quinze ans. Il a la consolation de s'y voir reçu avec joie tant par les chrétiens que par les païens et d'y recueillir de nombreux fruits de salut. Après trois mois de courses apostoliques, Mgr Everaerts regagna sa résidence d'*I-tchang fou*.

En 1906 lui revenait, envoyé par le Ministre général de l'Ordre des Frères Mineurs, le P. Quirin Henfling, son ancien compagnon de mission dans le *Hou-pé Nord-Ouest* (voir p. 191), qui venait de souffrir persécution dans le *Hou-nan méridional* (voir p. 220). Nommé Vicaire général par Mgr Everaerts et directeur des orphelinats, investi ensuite de la charge de Visiteur extraordinaire, il parcourut le *Hou-pé méridional* et s'y dépensa sans compter au bien de la mission. Confrère aimable, de bon conseil et de vie exemplaire, le P. Quirin sut se faire apprécier et aimer de tous. La florissante santé dont il jouissait ne devait pas le mettre à l'abri des atteintes de la fièvre typhoïde, qui régnait à *I-tchang fou*. Au bout de quelques jours il succombait, le 25 mai 1909, après s'être pieusement préparé à paraître devant Celui à la gloire de qui il avait tant travaillé. Il était âgé de 66 ans.

En réparation de l'horrible massacre de Mgr Verhaeghen et de ses confrères, le gouvernement chinois avait versé une indemnité à la mission. Mgr Everaerts s'empressa de l'utiliser à la construction d'une grande et belle église qu'il fit bâtir, en 1906, dans la ville de *Kin-tcheou fou* à la mémoire de son glorieux prédécesseur.

L'année suivante, il en fit élever une autre à *Cha-tse-ti*, sur le lieu même de leur martyre, et il la dédia à Notre-Dame des Martyrs.

Le sang des martyrs devait être encore pour le *Hou-pé méridional* une semence de chrétiens : « *Sanguis martyrum semen christianorum* ». La religion catholique y a fait depuis leur mort de merveilleux progrès.

Mgr Everaerts, le Vicaire Apostolique actuel, et

ses dévoués missionnaires rivalisent d'ardeur à les faire accroître de jour en jour.

ÉTAT ACTUEL DE LA MISSION (1914).

Vicaire Apostolique : Mgr Modeste EVERAERTS, O. F. M.

Catholiques	20.419
Catéchumènes	10.658
Baptêmes d'adultes	2.627
Baptêmes d'enfants nés de parents chrétiens	698
Églises et chapelles	108
Chrétientés	186
Missionnaires européens	33
Frères lais	5
Missionnaires chinois	8
Franciscaines Missionnaires de Marie	24
Élèves au grand séminaire	12
Élèves au petit séminaire	16
Élèves dans les écoles	1.982
Confirmations	2.160
Confessions annuelles	9.558
Confessions de dévotion	68.745
Communions pascales	8.887
Communions de dévotion	195.150
Mariages célébrés	164
Extrêmes-Onctions administrées	303
Malades soignés	52.787

ŒUVRE DE LA SAINTE-ENFANCE.

Baptiseurs	52
Enfants d'infidèles baptisés	1.537
— — recueillis	297
— — en nourrice	289
Petits garçons dans les orphelinats	59
— — — écoles	1.432
Petites filles dans les orphelinats	326
— — — écoles	469
Veuves et vieilles femmes à l'hôpital	84

ŒUVRE DE LA SAINTE-ENFANCE
SOUS LA DIRECTION DES FRANCISCAINES MISSIONNAIRES DE MARIE.

Petites filles baptisées	93
— recueillies.	51
— en nourrice	35
— à l'orphelinat	198
Catéchumènes instruites	321
— baptisées	33
Hôpital : malades recueillis.	776
— malades soignés	40.629
— adultes baptisés.	136
— enfants baptisés.	191
— enfants défunts	175

LIVRE VI

LE HOU-NAN

(Pl. XI)

CHAPITRE PREMIER

NOTIONS PRÉLIMINAIRES

Superficie. — 216 000 kilomètres carrés.

Nombre des habitants. — 22 169 000 habitants, soit 103 au kilomètre carré.

Le nom. — HOU-NAN signifie *Sud du lac*. Il s'agit du lac *Tong-ting*.

Les limites. — Au N., le *Hou-pé*. A l'O., le *Su-tchuen* et le *Koui-tcheou*. Au S., le *Kouang-si* et le *Kouang-tong*. A l'E., le *Kiang-si*.

Au N., le *Yang-tse-kiang* forme, sur une petite partie de son cours, la limite du *Hou-nan* et du *Hou-pé*, de *Yo-tcheou fou* (S) à 100 kilomètres plus bas encore[1].

1. Au point de vue ecclésiastique, la province du *Hou-nan* est divisée en deux vicariats apostoliques : le *Hou-nan sep-*

La Capitale. — TCHANG-CHA FOU (M), sur la rive droite du *Siang-kiang*.

Autres préfectures. — Il y en a huit, qui sont :

Au N.-O. : 1° YONG-CHOEN FOU (S).

Sur le *Yuen-kiang* : 2° YUEN-TCHEOU FOU (S); — 3° TCHEN-TCHEOU FOU (S); — 4° TCHANG-TÉ FOU (S).

Sur le *Tse-kiang* : 5° PAU-KING FOU (M).

Sur le *Siang-kiang*, en le descendant : 6° YUNG-TCHEOU FOU (M); — 7° HONG-TCHEOU FOU (M); — 8° YO-TCHEOU FOU (S).

Il y a, de plus, dans le *Hou-nan*, 4 *tcheou* indépendants : LI TCHEOU (S), KOEI-YANG TCHEOU (M), TSING TCHEOU (M) et TCHENG TCHEOU (M).

Aspect et caractéristiques. — Une contrée montagneuse, couverte de forêts, de plantations de thé, de riz dans certaines vallées ; vallée profondément découpée par le *Siang-kiang* et ses affluents, tous se déversant dans le grand lac *Tong-ting*, plein d'eau, l'été, moitié vide, l'hiver.

Tout le mouvement aboutit à ce lac, mouvement qui y apporte la houille, le thé, le bois de construction, ses principales richesses. Par le S., la province a des communications aisées avec le *Kouang-si* et le *Kouang-tong*, d'où son importance aussi pour le transit qui s'y fait.

tentrional et le *Hou-nan méridional*. Ce dernier seul est desservi par les Frères Mineurs. Pour faciliter les recherches sur la carte, nous avons fait suivre le nom des villes des initiales *S* ou *M*, selon qu'elles appartiennent au *Hou-nan septentrional* ou *méridional*.

Relief. — La partie montagneuse est fortement et curieusement découpée. En s'approchant de *Hong-tcheou fou* (M), les monts forment un groupe moins compact et se divisent en un nombre considérable de petites élévations. C'est vers le S.-O. et l'O. que semblent être les plus fortes altitudes, ne dépassant guère pourtant 1 000 à 2 000 mètres.

Le HONG-CHAN, l'une des cinq montagnes sacrées, qui se trouve au N.-O. de *Hong-tcheou fou*, n'a guère plus de 900 mètres de hauteur.

En dehors des bords du lac, à peine quelques plaines, dont les plus importantes sont celles de *Lei-yang hsien* (M) et *Hong-tcheou fou* (M).

Climat. — Au N., celui du *Hou-pé*. Dans la région montagneuse, il est humide et brumeux. A *Yo-tcheou fou* (S), le thermomètre est allé, en 1902, de — 5° C. à + 35°.

Hydrographie. — Une rivière le traverse du S. au N., le SIANG-KIANG, qui reçoit, sur sa gauche, deux affluents importants : l'un, le TSE-KIANG, avant d'arriver au lac; l'autre, le YUEN-KIANG, avant d'en sortir.

Le SIANG-KIANG prend sa source au N. du *Kouang-si*. Il est navigable pour de grosses barques jusqu'à *Hong-tcheou fou* (M), pour de plus faibles barques jusqu'à la frontière du *Kouang-si*. Trois compagnies de navigation ont établi un service régulier de bateaux à vapeur entre *Han-keou* et *Tchang-cha fou* (M).

Le TSE-KIANG n'est navigable que pour de petites barques seulement, à cause de ses nombreux rapides.

Le YUEN-KIANG prend sa source dans le *Koui-tcheou*.

Il en reçoit aussi, de droite, son plus long affluent, le TSING-CHOEI. Les rapides, qui commencent à 60 kilomètres de *Tchang-té fou* (S), en rendent la navigation difficile. Pourtant des milliers de barques ne cessent de naviguer sur ses eaux.

Au N.-O., le LI-CHOEI n'est navigable que dans sa plus basse partie.

Le lac TONG-TING a, en été, jusqu'à 120 kilomètres de longueur et 100 de largeur; en hiver, ce n'est plus qu'un marais, traversé par plusieurs cours d'eau. En été, le trop-plein du *Yang-tse-kiang* s'y déverse, refoulant les eaux que lui apportent le *Siang-kiang* et ses affluents. En hiver, le lac déverse ses eaux dans le fleuve. Le *Tong-ting* communique avec le *Yan-tse-kiang* par le canal de *Yo-tcheou fou* (S). Changeant de forme suivant les saisons et l'abondance des crues, il est toujours, cependant, le siège d'un mouvement très actif de batellerie, grâce à un système d'écluses qui le rend navigable en toutes saisons. Des milliers de jonques y passent sans cesse, chargées de riz, de bois de construction, de houille, de sel... et aussi d'immenses radeaux, assemblages de poutres et poutrelles ayant jusqu'à 100 mètres de côté, vrais villages flottants, avec leurs maisonnettes et leurs habitants. Un dédale de canaux l'entoure, mais les terres sont trop basses, les inondations trop à craindre, pour permettre de s'établir sur ses rives. Les rares villages qu'on y aperçoit sont entourés de hauts talus qui les préservent des crues.

Au N., un canal, beaucoup plus long que celui de *Yo-tcheou fou*, mais moins important, relie le lac au *Yang-tse-kiang*, un peu au S.-O. de *Sha-si* dans le

Hou-pé : c'est le canal de TAI-PING. Le canal de NGEOU-TCHE-KEOU, plus à l'E., est meilleur et navigable presque en tout temps.

Faune et Flore. — Rien de particulier à signaler, sinon que les montagnes de l'O. sont couvertes de forêts, chose assez rare en Chine, et qu'on ne trouve, dans la province, malgré un excellent climat, que fort peu de soie, de sucre et d'opium.

Richesses agricoles. — Surtout le thé. C'est un des meilleurs de la Chine. Le *Hou-nan* produit aussi du riz, du coton, du tabac, des oranges, du thé à huile... Parmi les arbres, citons le pin, le chêne, le cèdre et le camphrier.

C'est à *Ngan-houa* (*Tchang-cha fou*), au S.-O. du lac, que vient le meilleur thé, et c'est dans la région du bas *Siang-kiang* jusqu'à *Hong-tcheou fou* et au delà, qu'il est le plus cultivé ; l'ouest du *Hou-nan* n'en produit pas.

Richesses minérales. — Elles consistent surtout en houille. En remontant le *Siang-kiang*, c'est près de *Siang-tan hsien* (*Tchang-cha fou*) que commencent les gisements carbonifères, qui s'étendent à l'E. jusqu'au *Kiang-si*, et à l'O. jusqu'à une distance inconnue.

Le *Hou-nan* possède aussi du fer, du cuivre, du plomb, de l'antimoine, du soufre, mais ils sont peu exploités.

Population. — Elle habite surtout le long du *Siang-kiang* et du bas *Yuen-kiang*. Beaucoup de mandarins sont originaires du *Hou-nan*, jadis célèbre pour ses écoles. Les Hounanais ont montré longtemps de l'hostilité contre les étrangers. Ils sont renommés pour leur esprit militaire. Au S.-E. habitent des immigrés du *Kiang-si*.

Le S.-O. est habité par une population semi-indépendante, les *Miao-tse*. Ils se disent originaires de l'Est; ils ont une langue, des mœurs, des usages très différents de ceux des Chinois. Ils sont très serviables, très simples.

Langue. — Le mandarin, mais il est moins net que celui du nord et, partant, difficile à comprendre.

Villes et centres principaux.

TCHANG-CHA FOU (M). — 500 000 habitants. Avant tout, centre manufacturier pour les meubles, la papeterie et divers articles d'orfèvrerie. C'est, de plus, une place commerciale importante, située dans une contrée riche et fertile; aussi prend-elle à elle seule le tiers du mouvement de l'importation étrangère dans le *Hou-nan*.

Le long du *Siang-kiang* également, et en descendant :

HONG-TCHEOU FOU (M). — 20 000 hab. Importante place de commerce et de transit, à la jonction de deux voies, venant, l'une de *Kiang-si*, l'autre de *Kouang-tong*. Sur cette dernière voie et sur le *Lei-ho* : *Lei-yang hsien*, 4 000 à 5 000 habitants, centre d'une région minière.

SIANG-TAN HSIEN (M). — 300 000 habitants; surtout

grand entrepôt, où se font des affaires de commission. Les magasins sont bien achalandés, même mieux que ceux de *Tchang-cha fou*. La ville s'étend sur plus de 6 kilomètres le long du *Siang-kiang*.

Siang-in hsien (M). — 20 000 habitants. Port assez important. La ville se transforme en île au moment des hautes eaux.

Yo-tcheou fou (S). — 20 000 habitants. Cité marchande, qui doit sa vie à sa situation. Elle est sur le canal qui joint les eaux du lac et du *Yang-tse kiang*.

Sur le *Yuen-kiang* :

Tchang-té fou (S). — 300 000 habitants. Grand marché centralisateur du *Hou-nan N.-O.*, qui envoie au *Koui-tcheou* et au *Su-tchuen* le coton et les cotonnades du *Hou-pé*, et qui en importe, pour le *Hou-pé* et le *Hou-nan*, le sel, l'opium, les huiles et les vernis.

Industrie et commerce. — Avec l'extraction de la houille et l'exploitation des forêts, les poteries et tuiles fabriquées au S. de *Tchang-cha fou* constituent une industrie assez florissante.

Le commerce porte surtout : à l'exportation, sur la houille, le thé, le bois, les poteries et tuiles ; à l'importation, sur les cotons et cotonnades, sur le sel, l'opium, le pétrole. Le mouvement commercial de la province est important. Par le seul canal de *Yo-tcheou fou* (S), passent annuellement près de 26 000 jonques remontant vers l'intérieur.

(L. Richard, S. J., *Géographie de l'Empire de Chine*.)

CHAPITRE II

HISTOIRE RELIGIEUSE DU HOU-NAN

La province du *Hou-nan*, illustrée par le glorieux martyre du Bx Jean de Triora exécuté en 1816 en haine de la foi à *Tchang-cha fou*, la capitale, fit d'abord partie du Vicariat du *Hou-koang* (voir Livre V, chapitre II).

C'est en 1856 que Pie IX l'érigea en Vicariat Apostolique distinct. La même année, il plaça à sa tête comme premier Vicaire Apostolique Mgr Michel Navarro, franciscain espagnol, missionnaire du *Hou-koang*.

Le Prélat avait tout à créer dans ce nouveau Vicariat. Il dut commencer par s'y procurer une résidence et une église qui furent bien modestes : mais il ne s'y immobilisa pas. Ne disposant que de quelques missionnaires de son Ordre, il reprit le ministère apostolique des missions, auquel il s'était adonné avant son épiscopat, et continua à travailler avec ardeur à augmenter le nombre des chrétientés déjà existantes, jusqu'à ce que, sentant ses forces défaillir, il obtint, en 1871, pour coadjuteur le Provicaire du *Hou-pé Nord-Ouest*, le P. Ezéchias Banci, qu'il sacra lui-même.

Mgr Banci, jeune et actif, lui fut un précieux auxiliaire pendant quatre années, au bout desquelles une grave maladie l'obligea à regagner l'Italie, d'où il ne devait partir qu'en 1879 pour rentrer dans le *Hou-pé Nord-Ouest* comme Vicaire Apostolique (voir livre V, chap. V).

Privé ainsi de son coadjuteur, Mgr Navarro pria le Souverain Pontife de lui en accorder un autre, et Pie IX dans le Consistoire du 28 janvier 1876, accédant à ses désirs, nomma à cette charge le P. Eusèbe Semprini.

Mgr Navarro étant décédé le 10 septembre 1877, Mgr Semprini lui succéda en qualité de Vicaire Apostolique du *Hou-nan*. Franciscain de la province de Lombardie, Mgr Semprini était né le 18 décembre 1823 ; il était parti pour le *Hou-nan* en 1858. Deux ans plus tard, les rebelles aux longs cheveux y incendiaient les églises et les résidences des missionnaires et portaient partout la dévastation. Le P. Eusèbe ne put alors échapper à la mort qu'en se cachant dans les cavernes, errant jour et nuit sur les montagnes avec quelques clercs indigènes, souffrant de la faim et de la soif, du froid et du dénûment.

Cependant il en bénissait Dieu qui, tirant le bien du mal, le consola bientôt par de nombreuses conversions d'infidèles et par le retour au bercail des brebis égarées. Il sut si bien conquérir tous les cœurs que chrétiens et païens se réjouirent également de son élévation à l'épiscopat : aussi voulurent-ils se cotiser pour donner à la cérémonie de son sacre un cachet tout spécial de splendeur.

Devenu évêque, il déploya la même activité qu'auparavant à étendre le règne de J.-C. et il fit faire à la religion de tels progrès dans son Vicariat que le Saint-Siège jugea le moment venu de le diviser en deux. En conséquence, par décret pontifical du 19 septembre 1879, furent érigés le Vicariat du *Hou-nan septentrional* qui fut confié aux PP. Augustiniens et celui du *Hou-nan méridional* qui resta attribué aux Franciscains sous la juridiction de Mgr Semprini.

CHAPITRE III

VICARIAT DU HOU-NAN MÉRIDIONAL

Le Vicariat du *Hou-nan méridional* est constitué de quatre préfectures civiles de premier ordre :

Tchang-cha fou, cap. de la prov., compr.	13 sous-préf.		
Pau-king fou	—	8	—
Hong-tcheou fou	—	6	—
Yung-tcheou fou	—	9	—

et de trois préfectures de deuxième ordre :

Koei-yang tcheou,	comprenant	4	sous-préfectures
Tsing tcheou	—	4	—
Tcheng tcheou	—	6	—

La résidence épiscopale est établie à *Hoan-sa-wan*, à quelques kilomètres de *Hong-tcheou fou*.

Le Vicaire Apostolique, Mgr Semprini, ne négligea rien pour pourvoir sa mission d'un séminaire, d'orphelinats destinés à recueillir les petites filles abandonnées par leurs parents, et d'un certain nombre d'églises qu'il fit bâtir successivement.

Cependant le démon cherchait à entraver son œuvre. En 1885, le P. Gaspard Fuchs, un de ses missionnaires, était envoyé par lui dans la ville de *Tau tcheou* (préfecture de *Yung-tcheou fou*) pour y baptiser quelques catéchumènes et y organiser une nouvelle chrétienté. Déjà il avait inscrit plus de trente nouveaux catéchumènes, quand soudain la ville est en rumeur; des placards hostiles y sont affichés contre le missionnaire. Faisant passer le salut des âmes avant sa propre vie, le Père, au lieu de fuir, va demander appui au sous-préfet, tandis que la foule profère contre lui des menaces de mort. Le mandarin essaye en vain de calmer la populace : une pierre lui est lancée en pleine poitrine, et on l'emporte à demi mort. Pendant la nuit le P. Gaspard, qui était resté caché dans le tribunal, fut conduit avec son catéchiste sous la protection de quatre soldats jusqu'aux murs de la ville ; là, comme autrefois saint Paul à Damas, on les descendit tous deux, au moyen de cordes, du haut des murailles pour tromper la vigilance des gardiens des portes : ils purent ainsi se soustraire à la fureur de leurs ennemis.

L'année suivante, à l'instigation des lettrés chinois qui voyaient de mauvais œil la diffusion du catholicisme dans la province, la chapelle élevée dans la ville de *Lei-yang* (préfecture de *Hong-tcheou fou*) était ravagée et détruite de fond en comble.

Mgr Semprini étant retourné en Italie en 1887, le Vicariat en son absence fut administré par son Vicaire général le P. Ansgaire Braun, franciscain du Tyrol, qui, missionnaire au *Hou-pé oriental* depuis 1878, était ensuite passé dans le *Hou-nan méridional.*

A son retour dans sa mission deux ans après, le Vicaire Apostolique trouva incendiés et détruits par les païens les divers établissements qu'il y avait fondés : il se mit de suite à l'œuvre pour les relever de leurs ruines.

Avançant en âge et brisé par les travaux apostoliques auxquels il s'était livré sans compter, il se démit de sa charge, désireux de pouvoir ainsi plus facilement et dans la mesure de ses forces travailler encore comme simple missionnaire au salut des âmes. Quelques années plus tard, Dieu le rappelait à lui, pour couronner ses mérites. C'est le 8 janvier 1895 qu'il mourut pieusement à l'âge de 72 ans.

Un successeur lui avait été donné le 5 avril 1892 en la personne du P. Antonin Fantosati, missionnaire franciscain du *Hou-pé Nord-Ouest* (voir livre V, chap. v).

Il ne se résigna à accepter cette charge qu'à condition d'emmener avec lui, pour en faire son Vicaire général, le P. Quirin Henfling, son compagnon de mission (voir livre V, chap. v, p. 191).

Efficacement secondé par ce digne religieux, en même temps que par son vénéré prédécesseur qu'il eut l'heureuse fortune de posséder quelque temps encore avec lui, Mgr Fantosati s'emploie avec ardeur à faire progresser la foi chrétienne dans son nouveau Vicariat.

Il devait se heurter à de nombreux obstacles : car il avait affaire à une population grossière, farouche, haineuse et réfractaire à tout sentiment généreux. L'inutilité de ses tentatives pour vaincre une hostilité systématique sera pour lui le sujet d'une peine incessante. « S'il n'y avait, pour nous soutenir, notre inébranlable confiance en la Providence divine, écrivait-il, il y aurait lieu de désespérer de l'avenir de cette mission. » Néanmoins les difficultés de tout genre ne l'arrêtèrent pas dans son zèle pour le salut des âmes. Il connaissait bien toutes les astuces des Chinois : ainsi put-il se dérober plusieurs fois au danger de perdre la vie.

Bien que par ses manières affables il fût arrivé à

se concilier l'affection de tous et à gagner l'estime des mandarins eux-mêmes, cependant tous ses efforts pour dessiller les yeux des ouailles rebelles confiées à sa sollicitude furent frappés d'insuccès. En vain fondera-t-il un séminaire pour la formation d'un clergé indigène, en vain instituera-t-il un catéchuménat pour les jeunes Chinois des localités dépourvues d'école catholique, en vain établira-t-il un orphelinat pour donner asile aux enfants du pays, en vain triplera-t-il le nombre de ses missionnaires, les résultats resteront à peu près nuls.

A ne considérer les choses qu'au point de vue humain, Mgr Fantosati n'a pas réussi dans sa mission. Mais que les jugements de Dieu sont différents de ceux des hommes! Il a vu les travaux de son apôtre, il a compris les tourments de son cœur : aussi a-t-il voulu les récompenser en lui accordant la couronne du martyre.

A la fin de mai 1900, le Vicaire Apostolique était allé dans le district de *Lei-yang* faire la visite pastorale, et il s'y trouvait encore quand éclata une nouvelle persécution, celle des Boxeurs.

Dans la nuit du 4 juillet le Vicaire général, le P. Quirin Henfling, resté à la résidence épiscopale de *Hoan-sa-wan*, était averti par l'autorité chinoise du danger qui menaçait la mission et de la nécessité de faire revenir Mgr Fantosati à *Hong-tcheou fou*, afin d'y pourvoir, de concert avec les mandarins, à son salut et à celui des siens. Le P. Quirin envoie aussitôt cette information à son évêque.

Le jour même, il venait de prendre son repas avec le P. Céside Perelli et deux prêtres indigènes, quand vers midi une foule d'émeutiers envahirent soudain l'église attenant à la résidence, puis la maison, les cours et les abords. Bientôt commencèrent les actes d'un affreux vandalisme, accompagnés de clameurs d'assassins. Les deux prêtres chinois avaient pu s'échapper sans être reconnus; mais les Pères Quirin et Céside n'eurent que le temps de monter à l'unique étage et de s'enfermer dans une chambre. Ils y étaient depuis deux heures à se préparer à la mort, lorsque les portes en furent enfoncées. Les insurgés demeurèrent un instant comme étourdis, en les y voyant; ce qui leur permit à tous deux de profiter de leur surprise pour passer au milieu d'eux, descendre l'escalier, et arriver jusqu'au seuil de la porte principale de la résidence. Mais là une foule menaçante leur barre le passage dans la cour. Aussitôt les coups de poings et de pierre pleuvent sur le P. Quirin et le renversent. Il allait périr, quand quelques chrétiens courageux l'emportèrent, l'arrachant ainsi à la mort, en s'y exposant eux-mêmes, et le conduisirent en lieu sûr dans la chrétienté de *Pé-shian* à 15 kilomètres de là.

Quant au P. Céside, après avoir vainement cherché à ouvrir une porte de sortie, il resta aux mains des émeutiers, et tomba sur-le-champ mortellement blessé; tandis qu'il agonisait, il fut entouré de liasses de paille arrosées de pétrole et brûlé vif. Le P. Céside Perelli, franciscain de la province de Saint-Bernardin dans les Abruzzes, était né le 30 août 1873; il était arrivé en 1899 dans le *Hou-nan méridional.*

Le meurtre du Père accompli, la cathédrale, la résidence épiscopale, l'orphelinat et toutes les maisons des chrétiens furent incendiés, après avoir été pillés. Parmi les orphelines, les plus grandes purent s'enfuir, beaucoup périrent dans les flammes, et une quarantaine d'autres furent vendues comme esclaves.

Le P. Basile Radovic avait pu avec ses élèves sortir à temps du Séminaire dont il était Supérieur.

Mgr Fantosati, apprenant le désastre, s'embarque de suite avec le P. Joseph Gambaro pour gagner *Hong-tcheou fou* dans le but de recourir aux autorités locales afin de conjurer de plus grandes calamités. A peine arrivé en vue de la ville, le Prélat charge son catéchiste de porter au préfet sa carte de visite. Il le considérait comme un ami dévoué et comptait être reçu par lui. Mais apprenant la présence de l'évêque, le perfide mandarin manda un jeune Chinois et lui donna l'ordre de se rendre, sans perdre de temps, sur la berge, et de crier à haute voix que deux européens se tenaient cachés sur le fleuve. L'effet fut immédiat : quantité d'embarcations entourent celle de Mgr Fantosati, dont les bateliers s'échappent à la hâte. Le Prélat, par de douces paroles, essaye en vain de calmer la fureur des assaillants : mais frappé sur la tête d'un violent coup de bâton, il tombe étourdi dans l'eau. Les forcenés l'en retirent et le traînent avec le P. Joseph sur le rivage; ils les dépouillent tous deux de leurs vêtements, puis avec une barbarie incroyable ils arrachent les deux yeux à Mgr Fantosati et en crèvent un au Père.

A tâtons, le Pasteur cherche son confrère; réunis l'un à l'autre, ils s'exhortent à la vaillance tandis que les coups de bâton et les pierres ne cessent de pleuvoir sur eux. Enfin les bourreaux s'emparent de l'évêque et l'empalent sur un piquet de fer. Le Père Joseph, dont le corps n'était plus qu'une plaie, expira après deux heures de tourments. Mais le supplice de Mgr Fantosati se prolongea pendant plus de quatre heures au milieu d'atroces souffrances. Tout le temps que dura leur supplice, d'après le rapport des chrétiens témoins de leur mort, ils n'avaient pas ouvert une seule fois la bouche pour se plaindre, mais les mains jointes ils unissaient leur volonté à celle de Dieu. Après qu'ils eurent rendu le dernier soupir, les païens brûlèrent leurs corps. C'était le dimanche 8 juillet 1900.

Le P. Joseph Gambaro de Galliate, franciscain de la province de Milan, né le 7 août 1869, était depuis 1896 dans le *Hou-nan méridional.*

Le P. Basile Radovic avait, en s'échappant du séminaire indigène, passé par toutes sortes de tribulations et de dangers. Sur le soir, avec six séminaristes il était arrivé à demi nu dans la chrétienté de *Pé-shian*, où se trouvait le missionnaire de la région, le P. Jérémie Pédroni, et où s'était déjà réfugié le P. Quirin. Les chrétiens leur trouvèrent à tous trois une cachette momentanément sûre.

Dès le lendemain, 5 juillet, les Boxeurs arrivaient à *Pé-shian*, et y pillaient, puis incendiaient l'église, la résidence, les écoles, les maisons des chrétiens, ainsi que l'ancienne chapelle de l'orphelinat de la Sainte-Enfance, où le premier Vicaire Apostolique du *Hou-nan*, Mgr Navarro, en temps de persécution, offrait le Saint Sacrifice et célébrait les ordinations. Le tombeau de ce Prélat fut en outre profané par les païens.

Au bout de six jours, le P. Jérémie dut quitter son réduit pour aller chercher asile ailleurs; après une marche de deux jours et une nuit, il affréta une barque qui le transporta à *Yo-tcheou*, dans le *Hou-pé*, d'où il gagna *Han-keou*.

Les PP. Quirin et Basile se trouvaient ensemble dans une famille chrétienne. Mais par suite de l'infection de l'endroit où on les avait cachés et des souffrances qu'il avait endurées précédemment, le P. Basile y fut atteint d'une grave maladie. Il lui fallut pourtant en cet état abandonner de nuit sa retraite, le 23 juillet, afin d'échapper aux recherches des Boxeurs, et tâcher de parvenir à la ville de *Siang-tan*, afin de s'y embarquer pour *Han-keou*.

Le lendemain vers le soir il est arrêté, dépouillé de ses vêtements et cruellement frappé par les païens; mené dans une auberge, il y est de nouveau, durant trois à quatre heures, indignement malmené par les persécuteurs, brûlé aux pieds avec des tiges de fer rougies au feu et en butte aux plus sanglants outrages. Sur une caution de 300 dollars exigée pour sa rançon, on le remet en liberté et on le conduit sur la route de *Siang-tan* : mais bientôt on l'y laisse seul. Sans cesse entouré d'ennemis qui en veulent à sa vie, il doit errer à l'aventure, se dissimuler dans les buissons, subir, à peine vêtu, les ardeurs du soleil ou les torrents de pluie, rester plusieurs jours sans manger et souffrir d'une recrudescence de son affection pulmonaire.

Enfin, épuisé, il va demander asile, le 27 juillet, dans la maison d'un païen, où il avait déjà été reçu et d'où il lui avait fallu partir. Sa présence y ayant été signalée, deux soldats y arrivent le jour même avec un décret de protection émanant du sous-préfet de *Heng-chan hsien*, à la suite d'un semblable décret lancé par son supérieur le préfet de *Hong-tcheou fou*.

Après avoir interrogé le P. Basile sur tout ce qu'il avait eu à endurer, ils lui promettent d'en informer le sous-préfet et de revenir le chercher pour le mettre à l'abri de tout danger. Ils revinrent, en effet, le 31 juillet avec ledit mandarin et l'accompagnèrent jusqu'à *Heng-chan*, où ils le firent monter dans une barque qui l'y attendait et qui le porta à *Tchang-cha fou* : il en partit sur un bateau à vapeur qui le descendit à *Han-keou*. Après avoir délivré le P. Basile des mains des Boxeurs, le même sous-préfet fit rechercher le P. Quirin qui avait dû se séparer de son confrère, et avait pu rester caché dans différentes familles chrétiennes : l'ayant découvert, il lui fournit les moyens de gagner, lui aussi, la ville de *Han-keou*.

Trois autres missionnaires franciscains du *Hou-nan méridional* avaient réussi, après bien des difficultés, à passer la frontière de la province et à aborder à *Hong-kong* : l'un d'eux, le P. Étienne Sette, arrivé depuis quelques mois seulement dans le Vicariat, avait été mis dans un cercueil et porté comme un mort par huit chrétiens chinois jusqu'à la rivière qui descend à *Canton*, et il était ainsi parvenu à *Hong-kong*. De là ils étaient plus tard retournés à *Han-keou*.

La persécution des Boxeurs avait causé de terribles ravages dans le Vicariat du *Hou-nan méridional*. Les chrétientés y avaient été mises au pillage et livrées aux flammes, des fidèles massacrés, d'autres en plus grand nombre obligés de chercher leur salut dans la fuite, sans ressources et sans logement.

Deux Décrets de la S. Congr. des Rites à la date du 5 juillet 1909 et du 11 août 1911 ont été publiés en vue de la cause de Béatification, ou de déclaration de Martyre de Mgr Fantosati et des autres victimes des Boxeurs dans le *Hou-nan méridional.*

Le P. Quirin Henfling, que la divine Providence avait soustrait à la mort en vue de le conserver pour le bien du Vicariat, y rentrait avec ses confrères après quelques mois d'absence en qualité d'Administrateur apostolique. Il s'employa de suite activement à réparer les désastres occasionnés par les Boxeurs. Il dut intervenir auprès des autorités chinoises pour obtenir réparation des dommages causés, et il sut, par sa prudence et son énergie, soutenir et sauvegarder les intérêts du Vicariat à la complète satisfaction de tous. Il mit un tel zèle à s'acquitter de sa charge qu'il put à l'arrivée du nouveau Vicaire Apostolique lui remettre une mission florissante, retrempée dans la foi, dotée d'une nouvelle cathédrale et pourvue de ressources.

Après avoir rétabli en excellente situation le Vicariat, il fut envoyé par le Ministre général de l'Ordre des Frères Mineurs au *Hou-pé méridional* dans la mission de ses confrères de Belgique, au milieu desquels il mourut pieusement, le 25 mai 1909 (voir livre V, chap. VI).

Le successeur de Mgr Fantosati fut Mgr Jean-Pérégrin Mondaini, franciscain de la province de Bologne, né le 15 janvier 1868, précédemment missionnaire du *Hou-pé oriental*, où il était arrivé en 1891. Il fut nommé le 13 janvier 1902 Vicaire Apostolique du *Hou-nan méridional.*

Dès son entrée en fonction, il se mit à l'œuvre pour faire reconstruire les établissements de la mission qui avaient été détruits lors de la persécution de 1900 : résidence épiscopale, séminaire, orphelinats, églises, et pour exécuter le projet formé par son vénérable prédécesseur d'élever et de consacrer au Sacré-Cœur une vaste église centrale dans la ville de *Hong-tcheou fou.*

Désireux de rétablir le règne de J.-C. dans la ville et le district de *Tchang-cha fou*, capitale de la province du *Hou-nan* et théâtre du martyre du Bienheureux Jean de Triora, où, par suite des anciennes persécutions, il ne restait presque plus de trace du christianisme, il chargea de cette mission, en 1905, le P. Basile Radovic que nous avons vu précédemment en butte aux mauvais traitements des Boxeurs. Ce zélé missionnaire se dépensa tout entier à évangéliser la région et y fonda plusieurs chrétientés. Dans la ville même de *Tchang-cha fou*, il fit bâtir une église, une résidence et un orphelinat, que plus tard les païens détruisirent de fond en comble, mais que le Vicaire Apostolique s'empressa de relever de leurs ruines.

En 1908, sur l'avis des missionnaires, le P. Basile était nommé Vicaire général : il s'acquitta de sa nouvelle charge à la satisfaction de tous jusqu'à ce que Dieu le rappelât à lui, le 6 avril 1913. Il était âgé de 41 ans, dont quinze passés dans le Vicariat. Originaire de Raguse en Dalmatie, il appartenait comme religieux à la province franciscaine de Venise.

La mission du *Hou-nan méridional*, après avoir longtemps souffert des vexations des païens, est à présent en voie de prospérité. Son Vicaire Apostolique est actuellement Mgr Jean-Pérégrin Mondaini.

ÉTAT ACTUEL DE LA MISSION (1914).

Vicaire Apostolique : Mgr Pérégrin MONDAINI, O. F. M.

Catholiques	11.236
Catéchumènes	10.500
Baptêmes d'adultes	921
Baptêmes d'enfants nés de parents chrétiens	416
Églises et chapelles	83
Chrétientés	92
Missionnaires européens	18
Missionnaires chinois	6
Sœurs Franciscaines Missionnaires de Marie	8
Élèves au grand séminaire	12
Élèves au petit séminaire	12
Catéchistes	70

Catéchuménats : 3, fréquentés par 150 hommes et par 240 femmes.

Écoles : 6, fréquentées par 628 garçons et 567 filles.

Hôpital : malades soignés	33.700
— malades baptisés	48
Confirmations	1.408
Confessions annuelles	6.295
Confessions de dévotion	39.346
Communions pascales	6.131
Communions de dévotion	66.852
Mariages célébrés	97
Extrêmes-Onctions administrées	153

OEUVRE DE LA SAINTE-ENFANCE.

Baptiseurs	25
Enfants d'infidèles baptisés	1.682
— — recueillis	475
— — mis en nourrice	284
— — confiés à des familles chrétiennes	124
— — décédés	1.506

Orphelinats : 3, avec 227 orphelines.

OEUVRE DE LA SAINTE-ENFANCE A TCHANG-CHA FOU SOUS LA DIRECTION DES FRANCISCAINES MISSIONNAIRES DE MARIE.

Petites filles vivant à l'orphelinat	45
— recueillies dans l'année	50
— baptisées	50

Écoles : 1, avec 26 élèves.
Ouvroir : 1, avec 22 jeunes filles.

Confirmations	30
Confessions de dévotion	5.066
Communions de dévotion	16.088
Extrême-Onction administrée	1
Mariage célébré	1
Catéchumènes admises	68
Catéchumènes baptisées	30

INDEX ALPHABÉTIQUE

LES NOMS CHINOIS SONT ÉCRITS EN ITALIQUES

C

F

G

H

TABLE DES MATIÈRES

LIVRE PREMIER

LA CHINE

CHAPITRE PREMIER

NOTIONS GÉNÉRALES, 1-6.

CHAPITRE II

ORIGINE DES MISSIONS CATHOLIQUES EN CHINE, 7-11.

CHAPITRE III

ORIGINE DES MISSIONS FRANCISCAINES EN EXTRÊME-ORIENT, 11-20.

CHAPITRE IV

REPRISE DES MISSIONS CATHOLIQUES AUX XVIe ET XVIIe SIÈCLES. — ROLE DES FRANCISCAINS, 20-24.

CHAPITRE V

LES MISSIONS FRANCISCAINES AU XXe SIÈCLE, 24.

LIVRE II

LE CHAN-TONG

CHAPITRE PREMIER

NOTIONS PRÉLIMINAIRES, 25-32.

CHAPITRE II

HISTOIRE RELIGIEUSE DU CHAN-TONG, 32-58.

CHAPITRE III

VICARIAT DU CHAN-TONG SEPTENTRIONAL, 59-63.

CHAPITRE IV

VICARIAT DU CHAN-TONG ORIENTAL, 63-71.

LIVRE III

LE CHAN-SI

CHAPITRE PREMIER

NOTIONS PRÉLIMINAIRES, 74-79.

CHAPITRE II

HISTOIRE RELIGIEUSE DU CHAN-SI, 79-86.

CHAPITRE III

VICARIAT DU CHAN-SI SEPTENTRIONAL, 86-102.

LIVRE IV

LE CHEN-SI

CHAPITRE PREMIER

NOTIONS PRÉLIMINAIRES, 107-115.

CHAPITRE II

HISTOIRE RELIGIEUSE DU CHEN-SI, 115-142.

LIVRE V

LE HOU-PÉ

CHAPITRE PREMIER

NOTIONS PRÉLIMINAIRES, 153-164.

CHAPITRE II

HISTOIRE RELIGIEUSE DU HOU-KOANG, 164-179.

CHAPITRE V

VICARIAT DU HOU-PÉ NORD-OUEST, 186-193.

CHAPITRE VI

VICARIAT DU HOU-PÉ MÉRIDIONAL, 193-206.

LIVRE VI

LE HOU-NAN

CHAPITRE PREMIER

NOTIONS PRÉLIMINAIRES, 207-213.

CHAPITRE II

HISTOIRE RELIGIEUSE DU HOU-NAN, 214-215.

CHAPITRE III

VICARIAT DU HOU-NAN MÉRIDIONAL, 216-228.

EXTRAIT DU CATALOGUE GÉNÉRAL

DE LA

LIBRAIRIE AUGUSTE PICARD

MEISTERMANN (Le Père Barnabé) O. F. M. — **Nouveau guide de Terre Sainte.** 1 vol. in-12, relié toile, cartes et plans. . . . . 7. »

Guide du Nil au Jourdain par le Sinaï et Pétra sur les traces d'Israël. 1 vol. in-12, relié toile, cartes et plans . . . . 7. »

VIAUD (P. Prosper) O. F. M. — **Nazareth et ses deux églises de l'Annonciation et de Saint-Joseph, d'après les fouilles récentes.** 1 vol. gr. in-8 avec gravures . . . . 6. »

ROCHEMONTEIX (C. de) S. J. — **Joseph Amiot et les derniers survivants de la Mission française à Pékin.** 1 vol. in-8 . . . . 7.50

Encyclopédie de l'Islam, dictionnaire géographique, ethnographique et biographique des peuples Musulmans publié avec le concours des principaux Orientalistes, Houtsma, Basset, Arnold et en cours de publication, 20e livraison (F.-G.) 4.50

Le tome Ier (A.-D.) est terminé; — le tome II en cours de publication; — le tome III en préparation. L'ouvrage comprendra 45 ou 50 livraisons.

LASTEYRIE (R. de), membre de l'Institut. — **L'architecture religieuse en France à l'époque romane, son origine, ses développements.** 1 vol. gr. in-8, avec 73 figures, 1 vol . . . . 30. »
Demi-reliure maroquin. . . . . 42. »

MANUELS
D'HISTOIRE DE L'ART ET D'ARCHÉOLOGIE

Chaque vol. in-8, br., **15** fr.; rel. t., **17** fr. demi-mar., **22** fr.

Archéologie préhistorique et celtique, par JOSEPH DÉCHELETTE.

I. — Archéologie préhistorique (*Age de la pierre taillée. — Age de la pierre polie*). Un volume.

II. — Archéologie celtique ou protohistorique.

Première partie. — *L'âge du bronze*. Un volume.

Deuxième partie. — *Premier âge du fer ou époque de Hallstatt*. Un volume.

Troisième partie. — *Second âge du fer ou époque de La Tène*. — Avec index général du Tome II. Un volume.

Archéologie française, depuis les temps Mérovingiens jusqu'à la Renaissance, par CAMILLE ENLART, Directeur du Musée de sculpture comparée du Trocadéro. — Première partie : Architecture.

I. — Architecture religieuse. Un volume (*épuisé*).

II. — Architecture civile, domestique, publique, militaire. Un volume.

Art Byzantin, par CH. DIEHL, membre de l'Institut. — Un volume.

Art Musulman, par H. SALADIN, Architecte D. P. L. C.— **I. L'Architecture.** Un volume.

II. Les Arts plastiques et Industriels, par G. MIGEON, Conservateur des objets d'art du Moyen-Age au Musée du Louvre. — Un volume.

Archéologie Américaine. — *Amérique préhistorique — Les civilisations disparues*, par H. BEUCHAT. — Préface par M. H. VIGNAUD. Un volume.

CHEVALIER (ULYSSE), Chanoine, Membre de l'Institut. — **Répertoire des Sources Historiques du Moyen-Age.**

Première partie. — *Bio-Bibliographie*. — Nouvelle édition refondue, corrigée et considérablement augmentée. 2 vol. gr. in-8 . . . . 90 fr. »

Deuxième partie. — *Topo-Bibliographie*. 2 volumes gr. in-8 . . . . 60 fr. »

Les deux ouvrages pris ensemble . . . . . 120 fr. »

76 441. — Imprimerie générale LAHURE, rue de Fleurus, 9, Paris.